여행·출장·유학·워홀에 필요한 말만 PICK UP!

픽업 일본어

저자 **브레드쿤**

🏛 **시사일본어사**

일본 생활을 준비하는 이들을 위한 내비게이션

2017년 9월, 제가 처음 일본에 챙겨 간 책은 일본어 문법책과 도쿄 관광 가이드북, 단 두 권이었습니다. 워낙 급작스럽게 일본 파견이 결정된 터라 비행기 티켓과 회사에서 준비해 준 셰어 하우스가 전부였습니다. 하지만 이미 미국과 중국에서 거주한 경험이 있었기 때문에, 바로 옆 나라인 일본에서 생활하는 것에 대해서는 크게 걱정을 하지 않았습니다. 그러나 막상 일본에 도착하고 보니, 해결해야 할 문제들이 한두 가지가 아니었습니다.

일본에 입국하기 전에 구해 놓은 집을 직접 눈으로 확인했을 때의 실망감은 지금도 생생합니다. 통장을 개설하려고 은행에 갔는데, 휴대폰 번호가 없으면 안 된다고 해서 발걸음을 돌렸던 기억, 휴대폰을 개통하려고 갔더니 주민표가 필요하다고 해서 허둥지둥 일본 구청(구약소)으로 주민표를 발급받으러 갔던 기억 등등, 정착 초기에는 그야말로 시행착오의 연속이었습니다.

이런 좌충우돌 체험을 토대로 일본 생활의 가이드가 될 수 있는 회화책을 엮었습니다. 여행이나 출장, 유학이나 워킹 홀리데이 등, 단기 방문, 중·장기 체류 시, 일본 현지에서 마주하게 될법한 상황들만 뽑아 요긴하게 쓸 수 있는 일본어 표현은 물론, 주제와 관련된 정보와 Tip을 함께 수록했습니다.

그동안 제게 일본 생활에 대해 조언을 구하거나 질문을 하시는 분들이 많았는데, 그 질문에 대해 드디어 답을 드릴 수 있게 되어 대단히 기쁩니다. 또한, 외롭고 지칠 때마다 제 옆을 지켜준 일본 친구들, 그리고 일본 영상 기록을 꾸준히 지켜봐 주시는 브레드쿤 유튜브 채널 구독자 여러분들께 이 자리를 빌어 다시 한번 감사의 말씀을 전합니다.

저자 브레드쿤(김형식)

책의 구성 및 활용법

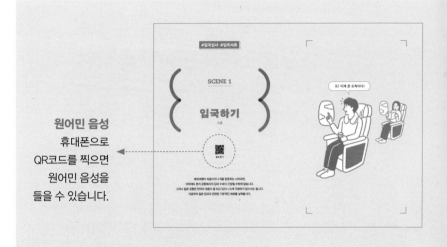

원어민 음성
휴대폰으로
QR코드를 찍으면
원어민 음성을
들을 수 있습니다.

장면별 대화

일본에서 흔히 접하게 되는 기본 장면을 뽑아 대화문을 수록했습니다.
'나'의 대사는 색 글자, '상대방'의 대사는 검은색 글자로 표시되어 있습니다.

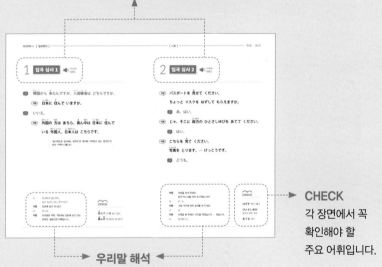

CHECK
각 장면에서 꼭
확인해야 할
주요 어휘입니다.

우리말 해석

부자연스러운 직역을 피하고 자연스러운 우리말로 옮겼습니다.
한국어 해석을 보고 일본어로 바꾸는 연습을 해 보세요.

PLUS표현
응용 표현을 추가로
익혀 보세요.

관련 어휘
주제에 따라 관련 어휘를 제시한 SCENE이 있습니다.
단어를 대입하면 다양하게 활용할 수 있습니다.

마메치시키
주제와 관련된
현지 정보와
Tip을 제공합니다.
칼럼을 읽으면 대화문의
흐름을 이해하는 데
도움이 됩니다.

일러두기

- 지명, 음식명 등은 〈외래어 표기법〉에 따라 표기되어 실제 일본어 발음과 다를 수 있습니다.
- 학습의 편의상 PART 1에서는 일본어에 띄어쓰기를 사용했습니다.
- [   ]로 묶인 문장은 앞의 표현과 대체 가능함을 나타냅니다.

목차

#중·장기 체류에 필요한 일본어

(PART 2

유학·워홀

留学·ワーホリ)

PART 1

여행·출장
旅行 · 出張

#단기 방문에 필요한 일본어

#입국심사 #입국서류

SCENE 1

입국하기

入国

음성 듣기

해외여행이 처음이거나 처음 방문하는 나라라면,
아무래도 현지 공항에서의 입국 수속이 긴장될 수밖에 없습니다.
그러나 일본 공항은 한국어 대응이 잘 되고 있으니 크게 걱정하지 않으셔도 됩니다.
지금부터 일본 입국과 관련된 기본적인 회화를 살펴봅시다.

1 입국 심사 1 🔊 track 001

나 韓国から 来たんですが、入国審査は どちらですか。

직원 日本に 住んで いますか。

나 いいえ。

직원 外国の 方は あちら、真ん中は 日本に 住んで
いる 外国人、日本人は こちらです。

> * '일시적으로 입국하는 외국인'과 '현지에 거주하고 있는 외국인'의
>   심사 구역이 다릅니다.

나　한국에서 왔는데요,
　　입국 심사는 어느 쪽인가요?

직원　일본에 살고 있나요?

나　아니요.

직원　외국분은 저쪽, 가운데는 일본에 살고 있는
　　외국인, 일본인은 이쪽입니다.

CHECK

住んで いる 살고 있다
真ん中 한가운데, 정가운데

2 입국 심사 2 🔊 track 002

직원 パスポートを 見^みせて ください。

ちょっと マスクを はずして もらえますか。

나 あ、はい。

직원 じゃ、そこに 両方^{りょうほう}の ひとさしゆびを あてて ください。

나 はい。

직원 こちらを 見^みて ください。

写真^{しゃしん}を とります。… けっこうです。

나 どうも。

직원	여권을 보여 주세요.
	잠깐 마스크를 벗어 주시겠습니까?
나	아, 네.
직원	그럼 거기에 양쪽 검지를 대 주세요.
나	네.
직원	이쪽을 봐 주세요. 사진을 찍겠습니다. … 됐습니다.
나	감사합니다.

CHECK

はずす 벗다, 떼다

ひとさしゆび
집게손가락, 검지

あてる 대다

 PLUS 표현 🔊 track 003

■ 나　○ 상대방

---

1 Ⓐ 今 着いた 飛行機なんですが、にもつは どこから 出ますか。 방금 도착한 비행기인데요, 짐은 어디서 나오나요?

　　Ⓑ どこから 来ましたか。 어디에서 오셨나요?

Ⓐ ソウルからです。アシアナです。 서울이요. 아시아나입니다.

　　Ⓑ ソウルから 今 着いた アシアナは「3番」から 出ますね。

서울에서 지금 도착한 아시아나편은 '3번'에서 나옵니다.

---

2 Ⓐ にもつが まだ 出て こないんでしょうか。

짐이 아직 나오지 않은 건가요?

　　Ⓑ もう 全部 出て 残ったのは そこに ありますよ。取りまちがいも 多いから にもつの タグは よく 見て ください。

이미 모두 나와서 남은 것은 거기 세워져 있습니다. 짐 바뀜 사고가 많으니 수하물 태그는 잘 확인해 주세요.

CHECK　着く 도착하다　にもつ 짐　残る 남다　取りまちがい 잘못 집음, 뒤바뀜

관련 어휘

 track 004

 안전벨트 **シートベルト**	 이어폰 **イヤホン**	 담요 **毛布**	 볼펜 **ボールペン**
 음료 **飲み物**	 (찬)물 **(お)水**	 따뜻한 물 **お湯**	 물티슈 **ウェットティッシュ**
 좌석 **座席**	 창가 쪽 자리 **窓側**	 통로 쪽 자리 **通路側**	 화장실 **トイレ**
 분실물 센터 **忘れ物センター**	 (전철) 플랫폼 **プラットホーム**	 버스 정류장 **バス乗り場**	 택시 정류장 **タクシー乗り場**

마 메 치 시 키
まめちしき 알면 도움이되는
토막 지식

입국 서류
작성하기

입국 신고서

외국 현지에 도착하기 전, 기내에서 승무원이 입국 신고서와 세관 신고서 양식을 나눠 줍니다. 이때 제대로 기입하지 않으면 입국 수속 시 시간이 오래 걸릴 수도 있습니다. 요즘은 visit japan web(비지트 재팬 웹)과 같은 웹사이트를 통해 미리 신고서를 작성하시는 분들이 많지만, 비행기 안에서 수기로도 작성하신 후, 공항에서 입국 심사의 줄이 짧은 쪽으로 가시면 빠르게 입국이 가능합니다.

① 이름(영문 성/영문 이름)
여권과 동일하게 기입

② 생년월일
일, 월, 년 순으로 기입
㉆ 2000년 12월 15일생 → 15/12/2000

③ 현주소(나라명/도시명)
실제 거주지 기입

④ 도항 목적
일본에 입국하는 목적

⑤ 항공기 편명
항공 티켓에 적혀 있는 비행기 편명 기입

⑥ 일본 체재 예정 기간
2박 3일의 경우 3Days로 기입

⑦ 일본의 연락처
일본 내 체류지 주소와 전화번호 기입
(호텔 이름만 기입해도 됨)

⑧ 기타 질문
각각의 해당 사항에 '예/아니오' 체크

⑨ 서명
본인의 이름 기입 또는 사인

外国人入国記録 DISEMBARKATION CARD FOR FOREIGNER 외국인 입국기록 【 ARRIVAL 】

英語又は日本語で記載して下さい。 Enter information in either English or Japanese. 영어 또는 일본어로 기재해 주십시오.

① 氏　名 Name 이름 — Family Name 영문 성: KIM — Given Names 영문 이름: HYUNGSIK

② 生年月日 Date of Birth 생년월일 — Day 日 일 `1 5` Month 月 월 `1 2` Year 年 년 `2 0 0 0`

③ 現住所 Home Address 현 주소 — 国名 Country name 나라명: KOREA — 都市名 City name 도시명: SEOUL

④ 渡航目的 Purpose of visit 도항 목적 — ☑ 観光 Tourism 관광 / ☐ 商用 Business 상용 / ☐ 親族訪問 Visiting relatives 친척 방문 / ☐ その他 Others 기타

⑤ 航空機便名・船名 Last flight No./Vessel 도착 항공기의 편명/선명: KE123

⑥ 日本滞在予定期間 Intended length of stay in Japan 일본 체재 예정 기간: 3Days

⑦ 日本の連絡先 Intended address in Japan — Tokyo Daiichi Hotel — Tel 전화번호 03-1234-5678

裏面の質問事項について、該当するものに☑を記入して下さい。 Check the boxes for the applicable answers to the questions on the back side. 뒷면의 질문사항 중 해당되는 것에 ☑ 표시를 기입해 주십시오.

⑧
1. 日本での退去強制歴・上陸拒否歴の有無
Any history of receiving a deportation order or refusal of entry into Japan
일본에서의 강제퇴거 이력・상륙거부 이력 유무 — ☐ はい Yes 예 ☑ いいえ No 아니오

2. 有罪判決の有無(日本での判決に限らない)
Any history of being convicted of a crime (not only in Japan)
유죄판결의 유무 (일본 내외의 모든 판결) — ☐ はい Yes 예 ☑ いいえ No 아니오

3. 規制薬物・銃砲・クロスボウ・刀剣類・火薬類の所持
Possession of controlled substances, firearms, crossbow, swords, or explosives
규제약물・총포・석궁・도검류・화약류의 소지 — ☐ はい Yes 예 ☑ いいえ No 아니오

以上の記載内容は事実と相違ありません。 I hereby declare that the statement given above is true and accurate. 이상의 기재 내용은 사실과 틀림 없습니다.

⑨ 署名 Signature 서명 — Kim hyung sik

입국 신고서

세관 신고서

일정 금액 이상의 현금이나 유가증권 등을 소지하고 외국에 입국하는 경우에는 신고를 해야 합니다. 세관 신고서는 '휴대품 · 별송품 신고서'라는 이름으로 되어 있는데, 가족 여행의 경우에는 한 가구당 한 장만 제출해도 되며, 지인이나 친구와의 동반 여행일 때는 1인당 한 장씩 작성해야 합니다.

(A면)
세관 양식 C 제 5360-C호

휴대품·별송품 신고서

하기 및 뒷면의 사항을 기입하여 세관직원에게 제출하여 주시기 바랍니다.

① 탑승기 (선박)편명 　 (출발지) ②
③ 입국 일 자 　 년 　 월 　 일
④ 성 명 (영문) 　 성 (Surname) 　 이름 (Given Name)
⑤ 주 소 (체류지) 　 전화번호 (　　)
⑥ 국 적 　 직 업 ⑦
⑧ 생년월일 　 년 　 월 　 일
⑨ 여권번호
⑩ 동반가족 　 20 세 이상 　 6 세 ~ 20 세 미만 　 6 세 미만

※아래 질문에 대하여 해당하는 □란에 "✓"표시하여 주시기 바랍니다.

1. 다음 물품을 가지고 있습니까? 　 있음 / 없음 ⑪
(1) 일본으로 반입이 금지되어 있는 물품 또는 제한되어 있는 물품 (B면을 참조).
(2) 면세 허용 범위 (B면을 참조)를 초과한 물품 · 토산품 · 선물 등 물품.
(3) 상업성 화물 · 상품 견본.
(4) 다른사람의 부탁으로 대리 운반하는 물품

* 상기 항목에서 「있음」을 선택한 분은 B면에 입국시에 휴대하고 반입할 물품을 기입해 주시기 바랍니다.

2. 100만엔 상당액을 초과하는 현금 또는 유가증권 등을 가지고 있습니까? 　 있음 / 없음
* 「있음」을 선택한 분은 별도로 「지불 수단등의 휴대 수입 신고서」를 작성할 필요가 있습니다.

3. 별송품 입국할 때에 휴대하지 않고 택배 등의 방법을 이용하여 별도로 보내신 짐 (이삿짐을 포함)등이 있습니까?
있음 　 개 / 없음 ⑫

* 「있음」을 선택하신 분은 입국시에 휴대하고 반입할 물품을 B면에 기입한 후 이 신고서를 2 장 세관에 제출하여 세관의 확인을 받을 필요가 있습니다. 세관에서 확인을 받은 신고서는 향후 별송품을 통관시킬 때 면세 범위 확인시 필요한데 잘 보관해 두시기 바랍니다.

《주의 사항》
해외에서 구입하신 물건, 남으로부터 부탁받은 물건 등을 일본으로 반입할 때는 일본 세관에 신고하고 필요한 검사를 받아야 합니다.
세관 검사에 협조하여 주시기 바랍니다.
또한 신고 누락, 허위 신고 등 부정한 행위가 있으면 일본 관세법에 따라 처벌을 받을 수 있습니다.

세관신고에 협조해 주셔서 대단히 감사합니다

휴대품 · 별송품 신고서

① **탑승기 편명**
　비행기 편명 기입

② **출발지**
　우리나라 공항 이름 기입
　예 INCHEON / GIMPO

③ **입국 일자**
　일본에 입국하는 날짜 기입

④ **성명**
　여권과 동일하게 기입

⑤ **주소**
　일본의 체류지 주소와 연락처 기입

⑥ **국적**
　예 KOREA

⑦ **직업**
　예 student(학생), office worker(회사원) 등

⑧ **생년월일**
　년, 월, 일 순으로 기입

⑨ **여권 번호**

⑩ **동반 가족**
　본인을 제외한 동반 가족 수 기입
　(없으면 공란)

⑪ **기타 질문**
　해당 사항이 없으면 '없음'에 체크

⑫ **별송품**
　별도 발송한 짐의 유무 체크

SCENE 2

교통수단
이용하기

乗り物の利用

음성 듣기

일본은 교통이 매우 발달된 나라입니다.
특히 철도 노선은 거미줄처럼 얽혀 있어서 이동 경로를 잘 체크해도
어떤 것을 타야 할지 헤매게 될 때가 있습니다.
이럴 때 필요한 간단한 표현을 지금부터 살펴봅시다.

1 전철에서 경로 묻기 1

 track 005

(나) すみません。これ、新宿駅に 行きますか。

(행인) ええ、行きますよ。

(나) ありがとうございます。

▲▼▲▼

(나) すみません。これ、新宿駅に 行きますか。

(행인) いいえ、これは 行きません。
向こうの 1番線か 2番線です。

(나) ありがとうございます。

나	저기요, 이거 신주쿠역에 가나요?
행인	네, 갑니다.
나	감사합니다.

▲▼▲▼

나	저기요, 이거 신주쿠역에 가나요?
행인	아니요, 이건 가지 않아요.
	건너편 1번 선이나 2번 선이에요.
나	감사합니다.

CHECK

向こう 건너편, 맞은편

2 전철에서 경로 묻기 2

나 すみません。新宿駅は、ここから どうやって 行けば
いいですか。

역무원 山手線で、のりかえなしで 行けますよ。

나 ありがとうございます。

▲▼▲▼

나 すみません。新宿駅は、ここから どうやって 行けば
いいですか。

역무원 ここから 銀座線に 乗って、神田駅で JR中央線に
のりかえます。

나 ありがとうございます。

나	저기요, 신주쿠역은 여기서 어떻게 가면 돼요?
역무원	야마노테선으로 환승 없이 갈 수 있어요(한번에 갈 수 있어요).
나	감사합니다.

▲▼▲▼

나	저기요, 신주쿠역은 여기서 어떻게 가면 돼요?
역무원	여기서 긴자선을 타고, 간다역에서 JR중앙선으로 갈아탑니다.
나	감사합니다.

CHECK

のりかえる
갈아타다, 환승하다

---

3 전철에서 교통카드·승차권 구입하기

 track 007

나 きっぷは どこで 買_かえますか。

역무원 駅_{えき}の 券売機_{けんばいき}で 買_かえますよ。

나 交通系_{こうつうけい}ICカードも 買_かえますか。

역무원 はい、チャージも できます。

▲ ▼ ▲ ▼

나 あの、券売機_{けんばいき}の 使_{つか}い方_{かた}、ちょっと 教_{おし}えて

もらえませんか。

역무원 どこに 行_いかれますか。

나 新宿駅_{しんじゅくえき}です。

나	표는 어디서 사나요?
역무원	역 매표기에서 살 수 있어요.
나	교통 카드도 살 수 있나요?
역무원	네, 충전도 할 수 있어요.

▲ ▼ ▲ ▼

나	저기요, 매표기 사용법 좀 알려 주시겠어요?
역무원	어디로 가시나요?
나	신주쿠역이요.

CHECK

きっぷ 표, 티켓

交通系_{こうつうけい}ICカード 교통 카드

券売機_{けんばいき} 매표기(승차권 판매기)

チャージ 충전

---

4 버스 정류장·시간 묻기 track 008

나 渋谷行きの バス乗り場は どこでしょうか。

행인 バス停は 駅の 西口に ありますよ。

▲ ▼ ▲ ▼

나 あの、渋谷駅に 行く バスは 何時に 来るか、

わかりますか。

행인 ここに 書いて ありますね。

今度 来るのは 1時 38分です。

나 　시부야행 버스 타는 곳은 어디인가요?

행인 　버스 정류장은 역 서쪽 출구에 있어요.

▲ ▼ ▲ ▼

나 　저기, 시부야역에 가는 버스는 몇 시에 오는지

　아시나요?

행인 　여기에 쓰여 있네요.

　이다음에 오는 건 1시 38분이에요.

CHECK

乗り場 승차장(타는 곳)
バス停 버스 정류장

5 택시 승차하기 track 009

나 (호텔 이름을 보여주며) ここに 行^いきたいんですけど……。

기사 第一^{だいいち}ホテル… 住所^{じゅうしょ}は わかりませんか。

나 住所^{じゅうしょ}は これですね。

기사 あ、わかりました。じゃ、出発^{しゅっぱつ}します。

나 どのぐらい かかりますか。

기사 20分^{ぶん}ぐらいです。

나	여기에 가고 싶은데요…….
기사	다이이치 호텔… 주소는 모르시나요?
나	주소는 이거예요.
기사	아, 알겠습니다. 그럼 출발하겠습니다.
나	얼마나 걸릴까요?
기사	20분 정도입니다.

CHECK

どのぐらい 얼마나,
어느 정도

6 택시 하차하기 🔊 track 010

（기사） こちらが ホテルの 入口_{いりぐち}です。

（나） ありがとうございます。 いくらですか。

（기사） 2,800円_{えん}に なります。

（나） すみませんが、 1万円札_{まんえんさつ}しかなくて……。

（기사） 大丈夫_{だいじょうぶ}ですよ。

こちら おつりと レシートに なります。

기사	여기가 호텔 입구입니다.
나	감사합니다. 얼마예요?
기사	2,800엔입니다.
나	죄송한데, 만 엔짜리 지폐밖에 없어서…….
기사	괜찮습니다.
	여기 거스름돈과 영수증입니다.

CHECK

札_{さつ} 지폐

おつり 거스름돈

レシート 영수증

PLUS 표현 🔊 track 011

■ 나　○ 상대방

전철 1

Ⓐ 次の 駅は どこでしょうか。

다음 역은 어디인가요?

Ⓑ 新大久保です。

신오쿠보입니다.

전철 2

Ⓐ 浅草に 行きたいんですが、ここから いくつ目で 降りれば いいでしょうか。

아사쿠사에 가고 싶은데요, 여기에서 몇 번째 역에서 내리면 되나요?

Ⓑ 浅草は ここから 三つ目の 駅ですね。

아사쿠사는 앞으로 세 번째 역입니다.

버스 3

Ⓐ 六本木ヒルズに 行く バスは いつ 来ますかね。

롯폰기 힐즈에 가는 버스는 언제 올까요?

Ⓑ ああ、今 出たばかりですね。
次の バスは 24分です。

아, 지금 막 출발했어요. 다음 버스는 24분이에요.

버스 4

A 料金は 先に はらいますか、
後から はらいますか。

요금은 먼저(탈 때) 내나요, 나중에(내릴 때) 내나요?

B 乗る [降りる] 時に はらいます。

탈 [내릴] 때에 냅니다.

택시 5

A もうすぐですが、どの あたりに 止めましょうか。

거의 다 왔는데, 어디쯤에 세워 드릴까요?

B あの お店の 前で お願いします。

저기 가게 앞에서 세워 주세요.

택시 6

A あの、後ろの トランク 開けて もらえますか。

저기, 뒤 트렁크를 열어 주시겠어요?

B かしこまりました。

알겠습니다.

택시 7

A 料金は スイカ[交通系ICカード]でも いいですか。

(택시) 요금은 스이카[교통 카드]로 결제해도 되나요?

B はい。こちらの 方に カードを
かざして [当てて] ください。

네. 이쪽에 카드를 대 주세요.

알면 도움이 되는
토막 지식

일본의 교통수단 파헤치기

다기능 매표기

매표기 조작 화면

미로 같은 일본의 전철

일본의 수도, 도쿄의 전철은 크게 JR, 지하철(도쿄메트로, 도영지하철), 사철로 나뉩니다. 쉽게 말해, 지하로 다니는 것은 지하철(치카테츠, 地下鉄), 지상으로 다니는 것은 전철(덴샤, 電車)이라고 할 수 있는데, 도쿄 중심부의 도쿄메트로와 도영지하철을 제외하고 모두 '덴샤'라고 부릅니다.

일본의 전철은 우리와 환승 요금 체계가 다릅니다. 다른 회사(계열)의 전철로 갈아탈 때, 환승 요금 할인이 적용되지 않아 탑승할 때마다 요금이 발생하고, 버스로 갈아탈 때도 적용되지 않습니다. 일본은 한국에 비해 교통비가 비싼 편이긴 하지만, 대중교통을 이용해 왠만한 관광 명소는 거의 다 갈 수 있습니다.

전철은 도쿄 외에도 삿포로, 센다이, 요코하마, 나고야, 교토, 오사카, 고베, 후쿠오카 등거의 대부분의 도시에서 운행됩니다.

○ 승차권 구입

승차권이나 교통 카드를 구입 또는 충전할 때는 매표소를 이용해도 되지만, 매표기(켄바이키, 券売機)를 통해 직접 구입할 수 있습니다. 매표기에 한국어 지원이 되기 때문에 어렵지 않게 조작할 수 있으며, 교통 카드 충전은 편의점에서도 가능합니다. 지역에 따라서는 기존 교통 카드 구매가 어려울 경우가 있는데, 이때는 기간 한정으로 사용할 수 있는 여행자용 교통 카드를 이용하시면 됩니다.

교통비를 절감할 수 있는 할인 티켓

- **도쿄 프리 티켓**
  東京フリーキップ
  도쿄 시내 지하철, JR, 버스를 24시간
  무제한 이용

- **스룻토 간사이 오사카 주유 패스**
  スルッとKANSAI大阪周遊パス
  오사카 시내 지하철, 긴테쓰, 한큐 등
  5개 전철과 버스 24시간 무제한 이용

- **후쿠오카 시영 지하철 일일 승차권**
  福岡市営地下鉄一日乗車券
  후쿠오카 시내 지하철을 24시간 무제한 이용

정리권 발행기와 교통 카드 단말기

지방에서 더 유용한 버스

도쿄나 오사카와 같은 대도시에서는 버스의 이용 가치가 그다지 높지 않습니다. 길도 자주 막힐 뿐만 아니라 전철로도 충분히 목적지까지 이동 가능하기 때문입니다. 그러나 지방 도시에서는 슬기롭게 이용하면 편리한 교통수단입니다.

보기에는 우리와 크게 차이가 없어 보이지만, 가장 큰 차이점이라고 한다면 승차자 방향과 결제 방식이 다른 경우가 있다는 점입니다. 한국의 버스는 무조건 앞에서 승차하고 뒤에서 하차하는 방식이라면 일본은 뒤에서 승차하고 앞에서 하차하는 버스도 있습니다.

또, 한국은 승하차 시 교통 카드를 태그하여 운임을 지불하지만, 일본은 승차할 때 정리권을 뽑고 하차할 때 운임을 지불하는 경우도 있습니다.(이동한 만큼 요금을 지불하는 '거리 종량제' 방식)

도쿄 내에서도 지역에 따라 승하차 방향이 다르기 때문에 외국인의 입장에서는 판단하기가 쉽지 않습니다. 만일 규칙적으로 이용하게 될 버스 노선이라면, 이용 방법을 미리 파악해 두는 것이 좋으며, 여행으로 이용하게 될 경우라면 다른 사람들이 어떻게 승하차하고 운임을 지불하는지 관찰해 보는 것이 가장 안전합니다.

#화장실 #편의점

SCENE 3

길·장소 묻기

道探し

음성 듣기

구글맵을 보면 웬만한 장소는 다 찾아갈 수 있습니다.
그러나 지도를 보지 않고 급히 위치를 찾아야 할 때도 있죠.
근처의 약국이나 편의점, 화장실, 계산대 등등, 어휘를 다양하게 익혀 두면
유용하게 쓸 수 있는 표현들이 있습니다.

1 거리에서 위치 묻기 track 012

나 すみません、この 辺(へん)に コンビニ ありますか。

행인 ええ、あそこに ありますよ。

나 ありがとうございます。

▲▼▲▼

나 すみません、この 辺(あた)りに くすりや ありますか。

행인 さあ、ちょっと わかりません。

나 あ、そうですか。ありがとうございます。

나　　　저기요, 이 근처에 편의점 있나요?
행인　네, 저기에 있어요.
나　　　감사합니다.
　　　　　　　▲▼▲▼
나　　　저기요, 이 근처에 약국 있나요?
행인　글쎄요, 잘 모르겠어요.
나　　　아, 그러세요. 감사합니다.

나　すみません。この 近^{ちか}くに 交番^{こうばん} ありますか。

行人　道^{みち}の 向^むこう側^{がわ}に あります。

나　ありがとうございます。

▲ ▼ ▲ ▼

나　すみません。ここから 近^{ちか}い 駅^{えき}は どこですか。

行人　この 道^{みち}を まっすぐ 行^いけば あります。

나　ありがとうございます。

나	실례합니다. 이 근처에 파출소 있나요?
행인	길 건너편에 있어요.
나	감사합니다.

▲ ▼ ▲ ▼

나	실례합니다. 여기서 가까운 역은 어디입니까?
행인	이 길을 곧장 가면 있습니다.
나	감사합니다.

CHECK

交番^{こうばん} 파출소

向^むこう側^{がわ} 건너편

駅^{えき} 역

まっすぐ 곧장, 똑바로

2 실내에서 위치 묻기 track 013

나 すみません、トイレは どこですか。

점원 あちらです。

나 ありがとうございます。

▲▼▲▼

나 レジは どこですか。

점원 (손으로 안내하며) あ、こちらへ どうぞ。

나　　저기요, 화장실 어디인가요?
점원　저쪽이에요.
나　　감사합니다.
　　　　　　▲▼▲▼
나　　계산대는 어디예요(계산은 어디서 해요)?
점원　아, 이쪽으로 오세요.

CHECK

レジ 계산대

3 건물에서 층수 묻기 track 014

나 すみません、

(사진을 가리키며) この お店^{みせ}は 何階^{なんがい}ですか。

점원 5階^{かい}でございます。

나 え？ すみません。もう 一度^{いちど} お願^{ねが}いします。

점원 5階^{かい}です。

나 ありがとうございます。

나	저기요, 이 가게는 몇 층인가요?
점원	5층입니다.
나	네? 죄송합니다. 다시 한번 (말씀) 부탁드려요.
점원	5층이에요.
나	감사합니다.

CHECK

店^{みせ} 가게

何階^{なんがい} 몇 층

もう 一度^{いちど} 다시 한번

➕ PLUS 표현 🔊 track 015

🗨나　○상대방

1　Ⓐ　この 辺^{へん}に ATM ありますか。

이 근처에 ATM 있나요?

　　Ⓑ　コンビニに ありますよ。

편의점에 있어요.

2　Ⓐ　(구글맵을 보여주며) ここ、行^いきたいんですが……。

여기, 가고 싶은데요…….

　　Ⓑ　えっと、ここ まっすぐです。

아… 여기로 곧장 가세요.

3　Ⓐ　あの、駅^{えき}は ここから 近^{ちか}いですか。

저, 역은 여기서 가깝나요?

　　Ⓑ　あちらに 2~3分^{ぶん} 行^いけば ありますよ。

저쪽으로 2~3분 가면 있어요.

---

4 **A** あそこが タクシー 乗り場ですか。

저기가 택시 정류장인가요?

B あれは バス 乗り場です。
向こう側が タクシー 乗り場です。

저기는 버스 정류장이에요. 건너편이 택시 정류장이에요.

5 **A** 展望台の チケットは どこで 買えますか。

전망대 티켓은 어디서 살 수 있어요?

B あの エレベーターで 4階に 行って ください。

저 엘리베이터로 4층에 가세요.

6 **A** 大浴場は こちらで いいですか。

온천탕은 여기 맞나요?

B すみません。私も ここは 初めてなので……。

죄송해요. 저도 여기는 처음이라서…….

7 **A** デパートは この 道を 行けば いいですか。

백화점은 이 길로 가면 되나요?

B 反対ですね。あちらに 行って ください。

반대편이에요. 저쪽으로 가세요.

CHECK **乗り場** 정류장　**大浴場** 대형 공동 온천탕　**反対** 반대(편)

마 메 치 시 키
알면 도움이 되는
토막 지식

일본
편의점의
매력

언제, 어디를 가도 변함없이 여행자를 반겨주는 편의점! 아시다시피 일본은 편의점의 천국이죠.
일본의 3대 편의점이라고 하면 과연 어디일까요?

1

세븐일레븐 セブン・イレブン
(줄여서 '세븐 セブン')

2

패밀리마트 ファミリーマート
(줄여서 '파미마 ファミマ')

3

로손 ローソン

퀄리티 높은
먹거리

편의점마다 경쟁하듯 매달 새로운 스위츠(スイーツ) 상품이 출시됩니다.
전문 제과점에 견줄 만큼 맛있고 다양한 편의점 스위츠를 꼭 한번 맛보시
기 바랍니다.
도시락(べんとう) 역시 구매 욕구를 불러일으키는 상품이 속속 출시되고
있는데, 고기나 생선, 채소 등 다양한 재료의 맛을 살리면서 건강 위주로
엄선된 제품이 인기를 끌고 있습니다.
'이트 인(eat in)' 코너가 있는 매장이라면 그 자리에서 맛볼 수도 있습니다.

여행자에게도 거주자에게도 편리한 서비스

● 현금 인출기 (ATM)

신용카드로 일본 엔화를 뽑을 수 있는 것은 역시 3대 편의점만의 서비스입니다. 일본은 아직도 카드 결제를 못하는 가게도 많아 갑자기 현금이 필요할 때가 생기는데, 그럴 때 편의점을 이용해 봅시다.

● 콘서트 티켓 구매 コンサートチケット

영화, 콘서트, 스포츠 경기의 티켓을 구입할 수 있는 것도 편의점의 인기 서비스 중 하나입니다. 티켓을 구매할 수 있는 전용 단말기나 복합 복사기에서 구매할 수 있습니다. 단, 사전에 인터넷으로 이름과 주소, 생년월일 등의 등록이 필요합니다.

● 복사기 コピー機

혹시 여권이나 신분증, 기타 서류나 책의 일부분을 급히 복사할 필요가 생기면 편의점으로 가 보세요. 대부분의 편의점에 대형 복사기가

설치되어 있습니다. 흑백은 10엔, 컬러는 장당 50엔 가량 합니다.

● 화장실 トイレ

볼일이 급할 때, 공중 화장실을 찾기 어렵다면 눈에 잘 띄는 편의점에 들어가 보세요. 사용하기 전에 직원에게 '토이레 오카리시마스(トイレ、おかりします 화장실 좀 쓸게요)'라고 한마디 건네는 것도 예의겠죠?

SCENE 4

숙박 시설
이용하기

宿泊施設の利用

음성 듣기

어디를 가든 숙소는 매우 중요합니다. 요즘은 숙소 비교 사이트를 통해
자신에게 맞는 숙소를 찾기가 비교적 수월해졌습니다.
이번에는 체크인부터 체크아웃까지, 어떤 대화를 주고받는지 살펴봅시다.

1 체크인 🔊 track 016

나 (여권을 보여주며) チェックイン お願いします。

직원 キム・ヒョンシク様ですね。

今日から 2泊で よろしいでしょうか。

나 はい。よろしく お願いします。

직원 こちらが カードキーに なります。

おへやは 6階の 603号室です。

나	체크인 부탁드립니다.
직원	김형식님이군요. 오늘부터 2박 맞으시죠?
나	네. 잘 부탁드립니다.
직원	이게 카드 키입니다.
	방은 6층의 603호실입니다.

---

2 짐 보관 요청 track 017

나 すみません。ちょっと 早（はや）いですけど、
今（いま）から チェックイン できますか。

직원 申（もう）し訳（わけ）ございません。おへやに 入（はい）れるのは
3時（じ）からに なります。

나 じゃ、この カバンを ちょっと こちらに 置（お）いても
いいですか。それまで、外（そと）に 行（い）ってきます。

직원 かしこまりました。
こちらが お荷物（にもつ）の ひきかえけんです。
後（あと）で これを お見（み）せください。

나	저기, 좀 이르긴 한데 지금부터 체크인 가능할까요?
직원	죄송합니다. 방에 들어갈 수 있는 건 3시부터입니다.
나	그럼 이 가방을 좀 여기에 맡겨도 될까요? 그때까지 밖에 나갔다 오겠습니다.
직원	알겠습니다. 여기 교환권입니다. 나중에 이것을 보여 주세요.

CHECK

置（お）く 두다
荷物（にもつ） 짐

ひきかえけん 교환권

3 서비스 문의 track 018

조식

직원 こちらが 朝食（ちょうしょく）の チケットです。

1階（いっかい）の レストランは 朝（あさ） 6時（ろくじ）から 利用（りよう）できます。

나 朝（あさ）は パンですか。ごはんですか。

직원 こちらは バイキングで、両方（りょうほう） ございます。

▲ ▼ ▲ ▼

목욕탕

나 ここに 大（おお）きい お風呂（ふろ）が あると 聞（き）きました。

직원 はい、7階（ななかい）に 大浴場（だいよくじょう）が ございます。

朝（あさ） 6時（じ）から 夜（よる） 12時（じ）まで 入（はい）れます。

직원 이게 조식 티켓입니다. 1층 레스토랑은
아침 6시부터 이용할 수 있습니다.

나 아침은 빵인가요? 밥인가요?

직원 여기는 뷔페라서 둘 다 있습니다.

▲ ▼ ▲ ▼

나 여기에 큰 목욕탕이 있다고 들었습니다.

직원 네, 7층에 공동 목욕탕이 있습니다.
아침 6시부터 밤 12시까지 들어갈 수 있습니다.

CHECK

バイキング 뷔페

両方（りょうほう） 양쪽, 둘 다

大浴場（だいよくじょう） 공중(공동)목욕탕

4　트러블·불편 사항 track 019

나　あの、へやに キーを おいてきてしまって……。

직원　それでは 係の ものが 一緒に まいります。

少々 お待ちください。

나　それと、へやが ちょっと におうみたいなんですけど。

직원　申し訳ございません。

それも 係の ものが チェックいたします。

나	저, 방에 열쇠를 두고 나와 버려서…….
직원	그럼 담당자가 함께 가겠습니다.
	잠시만 기다려 주세요.
나	그리고, 방에서 좀 냄새가 나는 것 같은데요.
직원	죄송합니다.
	그것도 담당자가 체크하겠습니다.

CHECK

係 담당

まいる 가다, 오다(겸양어)

におう 냄새가 나다

5 물품 요청하기 track 020

나 すみません。
充電アダプター[かさ]を お借りできますか。

직원 はい、こちらを お使いください。

나 明日の 朝、返しても いいですか。

직원 はい、けっこうです。

나 ありがとうございます。

> * 일본의 전압은 100V이기 때문에 전자 기기를 충전할 때는 전용 어댑터(일명 '돼지코')가 필요합니다. 충전 어댑터를 「ACアダプター」라고도 합니다.

나	죄송합니다.
	충전 어댑터[우산]를 빌릴 수 있을까요?
직원	네, 이것을 사용하세요.
나	내일 아침에 반납해도 될까요?
직원	네, 괜찮습니다.
나	감사합니다.

CHECK

借りる 빌리다
返す 돌려주다

6 체크아웃 🔊 track 021

나 おはようございます。 チェックアウトします。

직원 キム様、ありがとうございます。
おへやに 忘れ物は ありませんか。

나 ええ、よく 見たから 大丈夫です。

직원 それでは こちらが 領収書に なります。

나 あの、JRの 駅は 近いですか。

직원 ホテルを 出て 右に 歩いていくと 5分ぐらいです。
どうぞ、お気を つけて。

나 안녕하세요. 체크아웃하겠습니다.

직원 김형식 님, 감사합니다.
방에 잊으신 물건은 없으신가요?

나 네, 잘 봤기 때문에 괜찮습니다.

직원 그럼 이게 영수증입니다.

나 저, JR역은 가깝나요?

직원 호텔을 나가서 오른쪽으로 걸어가면
5분 정도입니다. 그럼, 조심히 가세요.

CHECK

忘れ物 잊은 물건, 분실물

領収書 영수증

➕ PLUS 표현 🔊 track 022

■나　○상대방

1 Ⓐ ワイファイの パスワードは 何^{なん}ですか。

와이파이(WiFi) 비밀번호는 뭐예요?

Ⓑ こちらの ホテル カードに 書^かいて あります。

여기 호텔 카드에 적혀 있습니다.

2 Ⓐ 朝食^{ちょうしょく}は どこで、何時^{なんじ}から 食^たべられますか。

조식은 어디서 몇 시부터 먹을 수 있나요?

Ⓑ 朝^{あさ}は 2階^{かい}の コーヒーショップで 7時^じから 準備^{じゅんび}して います。

아침은 2층 커피숍에서 7시부터 준비합니다.

3 Ⓐ この 近^{ちか}くに コンビニは ありますか。

이 근처에 편의점은 있나요?

Ⓑ ホテルの 前^{まえ}の 横断歩道^{おうだんほどう}を わたると 左^{ひだり}に 見^みえます。

호텔 앞 횡단보도를 건너면 왼쪽으로 보입니다.

4　**A**　こちらは 禁煙ルームしか ないんですね。

여기는 금연룸밖에 없네요.

　　B　はい、そちらの エレベーターの 横に、
喫煙室が ございます。

네, 그쪽 엘리베이터 옆에 흡연실이 있습니다.

5　**A**　今から クリーニングは 無理ですね。

지금부터 클리닝(세탁)은 힘들겠죠?

　　B　お急ぎでしたら、5階に コイン洗濯機が
ありますよ。

급하시면 5층에 코인 세탁기가 있습니다.

　　A　へえ、1回 いくらですか。

아, 1회에 얼마예요?

　　B　洗濯も、乾燥も 300円です。

세탁도 건조도 300엔입니다.

6　**A**　あの、出かけた 後、へやは 掃除して くれますか。

저, 외출한 뒤, 방은 청소해 주시나요?

　　B　はい。お客様が 帰られるまでに 掃除します。

네. 손님이 돌아오실 때까지 청소합니다.

CHECK　**横断歩道** 횡단보도　**わたる** 건너다　**洗濯** 세탁, 빨래　**掃除** 청소

마메치시키
알면 도움이되는
토막 지식

여행지에서의 숙소 선택 기준

예전에는 일본 여행의 숙소로, 호텔이나 고급 여관(료칸, 旅館)을 많이들 찾았습니다. 하지만 점점 다양한 숙박 시설이 생겨 나면서 선택의 폭도 넓어졌습니다. 전망(view), 편의 시설, 서비스, 가성비, 대중교통 접근성 등, 자신이 어떤 부분을 중요시 하는지, 여행의 목적이 무엇인지에 따라 다양하게 고를 수 있습니다.

● 게스트 하우스 ゲストハウス

배낭여행을 즐기는 외국인에게 인기 있는 곳은 역시 게스트 하우스입니다. 대부분 한 방에서 여러 명이 합숙을 하는 형태이기 때문에 침대가 2단 또는 3단으로 되어 있고, 샤워실, 화장실 등이 공용인 경우가 많습니다. 대신 가격이 저렴하고, 처음 만난 외국인과 어울려 지낼 수 있기 때문에 여행지에서 친구를 만들고 싶은 사람에게는 매력적인 숙소입니다.

● 에어비앤비(AirBNB)
エアービーアンドビー

개인의 아파트나 주택을 숙소로 사용하기 때문에 여행 기간 동안 자신의 집에서 지내는 듯한 편안함을 느낄 수 있습니다.
일본식 민가 형태의 숙소도 있어 일본 전통 가옥 체험도 가능합니다. 가격은 게스트 하우스보다는 약간 비싼 편입니다.

● 캡슐 호텔 カプセルホテル

한 사람이 사용할 수 있는 최소한의 공간만 제공하는 캡슐 호텔은, 한마디로 잠만 자기 위한 숙소라고 할 수 있습니다. 숙박 요금이 저렴한 것이 매력적입니다. 다만 방음에 취약하기 때문에 소음에 민감한 분들에게는 적합하지 않습니다. 요즘에는 편의 시설이 잘 갖춰진 곳도 많이 있고, 호텔을 예약하지 못해 갑자기 숙소를 잡아야 할 때도 대부분 숙박이 가능하다는 장점이 있습니다.

● 비즈니스호텔 ビジネスホテル

회사 출장 등 업무 차 일본을 방문할 때 많이 이용합니다. 치약, 칫솔, 세면 도구 등 기본적인 소모품(アメニティ)은 있으나 면도기 등과 같은 비품은 구비되어 있지 않은 경우도 있고, 음료수를 자판기에서 구입해야 하는 경우도 있지만, 알뜰 여행을 추구하는 여행자에게는 최적의 숙소입니다.

● 시티 호텔 シティーホテル

도시에 세워진 호텔을 의미하는 시티 호텔은, 비즈니스 호텔과 혼동하기 쉬우나 약간 다릅니다. 규모는 크지 않지만 헬스장, 스파, 피부 관리 · 마사지 숍 등 부대 시설을 갖춘 호텔이 많습니다. 그만큼 가격은 비즈니스호텔보다 비싸지만 고급 호텔에 비하면 부담이 적어 젊은 층에서 많이 이용하는 편입니다.

● 저가 여관(료칸) 旅館

일본의 '여관'하면, 절경을 즐기며 다다미 방에서 맛있는 식사를 하고, 대욕장(大浴場)에서 온천을 하는 모습을 떠올리게 됩니다. 하지만 도심 한복판에도 대중적으로 이용할 수 있는 여관이 있습니다. 이곳에서도 유카타를 입고, 다다미 방에서 묵을 수 있어 일본 전통 숙소의 분위기를 맛보기에는 손색이 없습니다. 다만, 식사 제공을 하지 않거나 온천 시설을 갖추지 않은 곳도 있기 때문에 서비스 내용을 미리 확인해 보는 것이 좋습니다.

SCENE 5

식당·카페
이용하기

食堂・カフェの利用

음성 듣기

여행에서 먹는 즐거움은 빼놓을 수 없죠. 맛집 정보를 꼼꼼히 수집했으나
막상 현지에서 입이 안 떨어져 제대로 즐기지 못한다면 아쉬움이 남을 것 같습니다.
지금부터 식당이나 카페에서 쓰는 간단한 표현을 살펴봅시다.

식당

1 차례 대기 track 023

나 あの、席 ありますか。

점원 申しわけございません。
今は 席が ございませんが……。

나 どの ぐらい 待ちますか。

점원 15分ぐらいです。

나 では、待ちます。

점원 はい。ここに お名前と 人数を お願いします。

나	저, 자리 있나요?
점원	죄송합니다. 지금은 자리가 없는데요…….
나	얼마나 기다려야 하나요?
점원	15분 정도입니다.
나	그럼 기다리겠습니다.
점원	네, 여기에 성함과 인원수를 적어 주세요.

CHECK

どの ぐらい
어느 정도, 얼마나

---

2 식당

음식 주문 1　🔊 track 024

나　すみません。ランチメニューで おすすめは ありますか。

점원　焼きざけ定食と、チキン定食です。

나　じゃ、チキンで。

점원　かしこまりました。
　　　少々 お待ちください。

나　저기요, 런치 메뉴 중 추천 메뉴 있나요?
점원　연어 구이 정식과 치킨 정식입니다.
나　그럼 치킨으로 (부탁드려요).
점원　알겠습니다. 잠시만 기다려 주세요.

3

식당

음식 주문 2

 track 025

(점원) メニュー お決まりですか。

(나) 天丼 一つと、チャーハン 一つを お願いします。

(점원) かしこまりました。
ご注文は 以上で よろしいでしょうか。

(나) はい。

(점원) 少々 お待ちください。

점원	메뉴는 정하셨나요?
나	튀김 덮밥 하나랑, 볶음밥 하나 주세요.
점원	알겠습니다. 더 주문하실 거 없으신가요?
나	네.
점원	잠시만 기다려 주세요.

CHECK

以上で 이상으로

4 식당 계산 🔊 track 026

나 支払いは 別々に お願いします。私は 塩ラーメンです。

점원 かしこまりました。塩ラーメン 950円です。

（현금을 건네 받고）1,000円 お預かりいたします。

レシートと 50円の お返しです。

（일행에게）しょうゆラーメン 900円です。

나 （일행 모두 계산이 끝난 후）ごちそうさまでした。

점원 ありがとうございました。

また お越しくださいませ。

나　계산은 따로따로 해 주세요. 저는 시오(소금 맛) 라멘입니다.
점원　알겠습니다. 시오 라멘 950엔입니다.
　　　1,000엔 받았습니다.
　　　영수증과 거스름돈 50엔입니다.
　　　쇼유(간장 맛) 라멘 900엔입니다.
나　잘 먹었습니다.
점원　감사합니다. 또 오세요.

CHECK

別々に 따로따로, 각자
預かる 맡다, 보관하다
（여기서는 '받다'의 의미）
お返し 거스름(돈)

1 카페
음료 주문 1 🔊 track 027

(점원) いらっしゃいませ。

(나) ドリップコーヒー、Mサイズを お願(ねが)いします。

(점원) ホットと アイス、どちらに なさいますか。

(나) アイスで。

(점원) かしこまりました。
店内(てんない)で お召(め)し上(あ)がりでしょうか。

(나) 持(も)ち帰(かえ)りにします。

(점원) では、お会計(かいけい) 410円(えん)に なります。
(현금을 건네 받고) 500円(えん) お預(あず)かりいたします。
レシートと 90円(えん)の お返(かえ)しです。

CHECK

ドリップコーヒー 드립 커피(일본에서는 아이스 아메리카노를 주문할 때 「アイスコーヒー」를 달라고 하면 된다)
持(も)ち帰(かえ)り 포장 구매, 테이크아웃

점원	어서 오세요.
나	드립 커피 M(중간) 사이즈 주세요.
점원	따뜻한 것과 아이스, 어느 쪽으로 하시겠습니까?
나	아이스로요.
점원	알겠습니다. 매장에서 드시나요?
나	테이크아웃으로 할게요.
점원	그럼, 410엔입니다. 500엔 받았습니다. 영수증과 거스름돈 90엔입니다.

2 카페
음료 주문 2
 track 028

(점원) ご注文を どうぞ。

(나) カフェモカ Mサイズと ミラノサンドA、

ここで 食べて いきます。

(점원) ありがとうございます。

お会計、890円で ございます。

(나) はい。カードでも いいですか。

(점원) こちら、カードを お預かりします。

(계산 후) できましたら お呼びしますので

少々 お待ちください。

점원	주문받겠습니다.
나	카페 모카 M사이즈와 밀라노 샌드 A, 여기서 먹고 갈게요.
점원	감사합니다. 모두 890엔입니다.
나	네. 카드로 해도 될까요?
점원	카드 받겠습니다. 다 되면 불러 드릴 테니 잠시만 기다려 주세요.

CHECK

呼ぶ 부르다

3 카페
남은 음료 포장 track 029

나 すみません。だいぶ のこっちゃったんで
持_もち帰_{かえ}りに できますか。

점원 では テイクアウト用の 容器_{ようき}を さしあげます。
マグカップは あちらに おいて ください。

나 悪_{わる}いけど、袋_{ふくろ}も もらえますか。

점원 かしこまりました。
こちらを ご利用_{りよう}ください。

나 죄송합니다. 음료가 꽤 남아서 그러는데
포장 가능할까요?

점원 그럼 테이크아웃용 용기를 드리겠습니다.
머그컵은 저쪽에 놓아 주세요.

나 미안하지만 봉투도 받을 수 있을까요?

점원 알겠습니다. 이것을 쓰세요.

CHECK

悪_{わる}い 미안하다(가벼운 사과)

➕ PLUS 표현 🔊 track 030

 나 ○ 상대방

---

1 **A** 待って いる あいだ、メニューを 見たいんですが。

기다리는 동안 메뉴를 보고 싶은데요.

B はい、こちら メニューです。

네, 여기 메뉴판입니다.

---

2 **A** 窓際の 席は ありますか。

창가 자리는 있나요?

B 少々 お待ちください。

(자리 확인 후) では、こちらに どうぞ。

잠시만 기다려 주세요. 그럼 이쪽으로 앉으세요.

---

3 **A** おすすめは 何ですか。

추천 메뉴는 뭔가요?

B こちらは 唐揚げと カツ丼が おすすめです。

여기는 닭튀김과 돈가스 덮밥이 추천 메뉴입니다.

CHECK 窓際 창가 (쪽) おすすめ 추천

---

4   **Ⓐ**   ご飯は おかわり できますか。

     밥은 리필할 수 있나요? (밥은 더 먹을 수 있나요?)

     Ⓑ   おかわりは 150円 追加に なりますが……。

        리필은 150엔 추가됩니다만…….

---

5   **Ⓐ**   あの、この カード 使えますか。

     저, 이 카드 쓸 수 있나요?

     Ⓑ   申し訳ございません。
         お支払いは 現金のみと なって おります。

        죄송합니다. 결제는 현금으로만 부탁드립니다.

---

6   **Ⓐ**   サイズは いかが なさいますか。

     사이즈는 어떻게 하시겠습니까?

     Ⓑ   ショートで お願いします。

        숏 사이즈로 주세요.

---

7   **Ⓐ**   お手持ちで よろしいですか。

     (음료는) 들고 가셔도 괜찮으신가요?

     Ⓑ   袋に 入れて ください。

        봉투(캐리어)에 넣어 주세요.

CHECK   **おかわり** 리필(같은 음식을 추가하는 것)   **手持ち** 손에 드는 것

■나　○상대방

8　Ⓐ　ホットと アイスを 同じ袋で まとめても よろしい
　　　です か。

뜨거운 음료와 차가운 음료를 같은 봉투에 담아 드려도 될까요?

　　Ⓑ　はい、大丈夫です。

네, 괜찮습니다.

9　Ⓐ　アイスコーヒー、こおりは 少なめに して ください。

아이스 커피, 얼음은 약간 적게 넣어 주세요.

　　Ⓑ　はい、かしこまりました。

네, 알겠습니다.

10　Ⓐ　ここは Wi-Fiが 使えますか。

여기는 와이파이를 쓸 수 있나요?

　　Ⓑ　レシートに 番号が 書いて あります。

영수증에 번호가 적혀 있습니다.

CHECK　　まとめる 한데 모으다, 합치다　　少なめに 약간 적게

관련 어휘

 track 031

주문 · 요청

• 날마다 바뀌는 메뉴 **日替わりメニュー**	• 셰프 특선 메뉴 **おまかせ**	• 엄선한 것 **こだわり**
• 추천 메뉴 **おすすめ**	• 포장, 테이크아웃 **持ち帰り**	• 건더기가 많음 **具だくさん**
• 리필 **おかわり**	• 제철(의)~ **旬(の)~**	

맵기

카레, 라멘 등

약간 매움	매운맛	중간 매운맛	아주 매운맛
ピリ辛	**辛口**	**中辛**	**激辛**

양

규동, 라멘 등

보통 (양)	곱빼기	특대, 특곱빼기	메가 곱빼기
並盛	**大盛**	**特盛**	**メガ盛**

도구

숟가락	젓가락	앞접시	물수건	냅킨	빨대
スプーン	**はし**	**とりざら**	**おしぼり**	**ナプキン**	**ストロー**

마 메 치 시 키
まめちしき 알면 도움이되는
토막 지식

사진 없는 메뉴판

일본 식당에 가서 음식 사진이 하나도 없는 메뉴판을 받고 당황하셨던 적 없으신가요? 점원에게 일일이 무슨 요리인지 물어볼 수도 없으니 점원에게 메뉴를 추천해 달라고 하거나 번역기 앱을 켜고 카메라로 메뉴판을 찍어 음식 이름을 확인하시는 분들도 계실 겁니다.

하지만, 번역기 앱으로도 정확히 어떤 음식인지 알 수 없는 경우도 있습니다. 식재료까지는 자세히 알 수 없지만 대충 어떤 종류의 요리인지 짐작할 수 있는 방법이 있습니다. 바로 음식 이름에 공통으로 들어간 글자를 보는 것입니다.

～炒め 볶음
　野菜炒め 야채볶음
　ニラレバ炒め 부추생간볶음

～焼き 구이
　焼き魚 생선구이
　焼肉 고기구이, 불고기

～丼 덮밥
　玉子丼 계란 덮밥
　親子丼 계란 닭고기 덮밥

가타카나어
－외국에서 유래한 음식
　チャーハン 볶음밥(중국)
　カレーライス 카레라이스(인도)

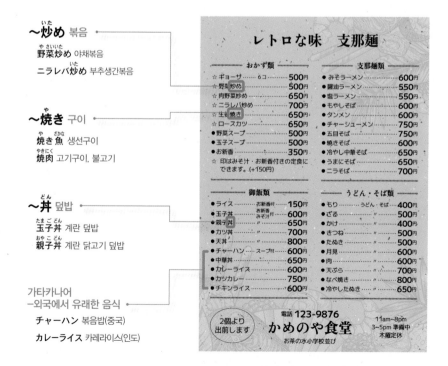

レトロな味　支那麺

おかず類

☆ ギョーザ	6コ	500円
☆ 野菜炒め		500円
☆ 肉野菜炒め		650円
☆ ニラレバ炒め		700円
☆ 生姜焼き		650円
☆ ロースカツ		650円
● 野菜スープ		500円
● 玉子スープ		500円
● お新香		350円

☆ 印はみそ汁・お新香付きの定食にできます。(+150円)

御飯類

● ライス	お新香付	150円
● 玉子丼	お新香・みそ汁付	600円
● 親子丼	〃	650円
● カツ丼	〃	700円
● 天丼	〃	800円
● チャーハン	スープ付	600円
● 中華丼		650円
● カレーライス		600円
● カツカレー		750円
● チキンライス		600円

支那麺類

● みそラーメン	600円
● 醤油ラーメン	550円
● 塩ラーメン	550円
● もやしそば	600円
● タンメン	600円
● チャーシューメン	750円
● 五目そば	750円
● 焼きそば	600円
● 冷やし中華そば	650円
● うまにそば	650円
● ニラそば	700円

うどん・そば類

● もり	うどん・そば	400円
● ざる	〃	500円
● かけ	〃	400円
● きつね	〃	500円
● たぬき	〃	500円
● 月見	〃	600円
● 肉	〃	600円
● 天ぷら	〃	700円
● なべ焼き	〃	800円
● 冷やしたぬき	〃	650円

2個より
出前します

電話 123-9876
かめのや食堂
お茶の水小学校並び

11am～8pm
3～5pm 準備中
木曜定休

식권 판매기

한국도 식권 판매기(けんばいき, 券売機)나 키오스크, 터치 패널이 설치된 식당이 점차 늘어나는 추세지만, 일본은 한국보다 더 보편화 되어 있습니다. 또, 혼자 먹는 1인 식당이 많아서 QR 주문 시스템을 도입한 곳도 많습니다. 식권 판매기에는 메뉴에 사진이 붙어 있는 것도 있지만 일본어로만 적혀 있는 경우도 많기 때문에 실패 없는 메뉴 선택을 위해 어느 정도 요리 이름을 기억해 두는 것이 좋습니다. 또, 결제도 현금만 가능하고, 카드는 사용할 수 없는 기계도 있어서 여러 가지로 사용하기 어렵게 느껴질 수 있습니다. 그때는 주저하지 마시고 점원에게 이렇게 도움을 요청해 보세요.

- **すみません、けんばいきの つかいかたが わかりません。**

  죄송한데요, 식권 판매기를 쓸 줄 몰라서요.

- **すみません、ここで ちゅうもんしても いいですか。**

  죄송한데요, 여기서 주문해도 될까요?

한국과 일본 식당의 다른 점

한국의 식당은 테이블마다 물통, 수저통이나 티슈가 비치되어 있는 경우가 많지만, 일본에서는 인원수에 맞게 물과 젓가락을 세팅해 주는 것이 일반적입니다. 물이 더 필요하거나 숟가락(スプーン)이 필요할 때는 점원에게 요청을 해야 합니다. 일본에서는 식사를 할 때 젓가락(はし)만을 사용하기 때문입니다. 또, 한국에서는 손님이 식당이나 술집에 들어가서 마음에 드는 빈자리에 알아서 앉기도 하는데, 일본에서는 종업원이 자리를 안내해 줄 때까지 기다립니다. 의외로 생소한 것이 많지만, 몇 군데 맛집 투어를 하다 보면 금방 익숙해지실 겁니다.

SCENE 6

쇼핑하기

買いもの

음성 듣기

여행 계획에 있어서 중요한 것 중 하나가 바로 쇼핑 계획이 아닐까 합니다.
현지에서만 구입할 수 있거나 현지에서 사야 저렴한 것들이 있기 때문에
미리미리 쇼핑 목록을 정리해 두는 것이 좋습니다.
지금부터 쇼핑할 때 쓰는 표현 몇 가지 살펴봅시다.

1 물건 찾기 🔊 track 032

나 (사진을 보여 주며) あの、これは ありますか。

점원 はい、あちらに ございます。

▲ ▼ ▲ ▼

나 (사진을 보여 주며) あの、これは こちらに ありますか。

점원 ああ、これは 私（わたくし）どもでは 扱（あつか）って いませんね。

나 じゃあ、似（に）ている ものは ありませんか。

점원 それでは こちらに どうぞ。

나 저, 이건 있나요?
점원 네, 저쪽에 있습니다.

▲ ▼ ▲ ▼

나 저, 이건 여기에 있나요?
점원 아, 이건 저희 쪽에서는 취급하지 않습니다.
나 그럼, 비슷한 건 없나요?
점원 그럼 이쪽으로 오세요(이쪽에 있습니다).

⌒
CHECK

私（わたくし）ども 저희들

扱（あつか）う 다루다, 취급하다

似（に）ている 비슷하다

2 물건 고르기 track 033

나 これと 同じ色で、ワンサイズ 小さい のは ありませんか。

점원 申し訳ありません。黒は これしか ないんですが……。

他の 色を ご覧に なりますか。

サイズは いろいろ あります。

나 じゃあ、お願いします。

▲ ▼ ▲ ▼

나 これ、着て みても いいですか。

점원 どうぞ。あちらに 試着室が ございます。

[申し訳ありません。こちらは 試着は

できない ことに なって いまして。]

나　이것과 같은 색으로 한 사이즈 작은 건 없나요?

점원　죄송합니다. 검정은 이거밖에 없습니다만…….
　　　다른 색을 보시겠습니까? 사이즈는 여러 가지 있습니다.

나　그럼, 부탁드리겠습니다.

▲ ▼ ▲ ▼

나　이거, 입어 봐도 되나요?

점원　네, 저쪽에 피팅룸이 있습니다.
　　　[죄송합니다. 여기는 입어 볼 수는 없게 되어 있어서요.]

CHECK

ご覧に なる 보시다

試着 입어 봄

3 계산하기 🔊 track 034

（나） これと これに しますね。いくらですか。

（점원） はい。12,600円^{えん}です。

（현금을 받으며） 13,000円^{えん}、お預^{あず}かりします。

おつりの 400円^{えん}と 領収書^{りょうしゅうしょ}です。

▲ ▼ ▲ ▼

（나） カードで お願^{ねが}いします。

（점원） はい、こちらは 一回払^{いっかいばら}いのみですが…

よろしいでしょうか。

（나） はい、けっこうです。

（점원） （계산 후） では、こちらに サインを お願^{ねが}いします。

나　이것과 이걸로 할게요. 얼마예요?
점원　네. 12,600엔입니다. 13,000엔 받았습니다.
　　　거스름돈 400엔과 영수증입니다.

▲ ▼ ▲ ▼

나　카드로 계산해 주세요.
점원　네, 여기는 일시불 결제만 가능한데 괜찮으신가요?
나　네, 괜찮습니다.
점원　그럼 여기에 사인을 부탁드립니다.

CHECK

預^{あず}かる 맡다(여기서는
　　　　　'받다'의 의미)

おつり 거스름돈

*分割払^{ぶんかつばら}い 할부

---

4 면세 쇼핑 🔊 track 035

（나）外国人は 免税で ショッピングが できるんですか。

（점원）はい。「Tax Free」と 書いて ある お店で、
パスポートが あれば、1回 5,000円 以上 買うと
免税に なります。

（나）免税って 何% 安くなるんですか。

（점원）消費税の 10%が なくなります。

（나）お酒や 飲み物、お菓子も 免税に なるんですね。

（점원）はい、免税品は 日本に いる 間は 使えないように
包みます。

나　외국인은 면세로 쇼핑할 수 있나요?
점원　네, 'Tax Free'라고 써 있는 가게에서 여권이 있으면,
　　　1회 5,000엔 이상 사면 면세가 됩니다.
나　면세는 몇 % 싸지나요?
점원　소비세인 10%가 공제됩니다.
나　술이나 음식, 과자도 면세가 되죠?
점원　네, 면세품은 일본에 있는 동안은 쓸 수 없도록
　　　포장합니다.

CHECK

包む 싸다, 포장하다

✚ PLUS 표현  🔊 track 036

■나　○상대방

1　Ⓐ いらっしゃいませ。何^{なに}か お探^{さが}しでしょうか。

어서 오세요. 뭔가 찾으시나요?

Ⓑ （천천히 둘러 보고 싶을 때）あ、いえ、おかまいなく。
ゆっくり 見^みて、また 声^{こえ}を かけますから。

아, 아뇨, 괜찮습니다. 천천히 보고 다시 말씀드릴게요.

2　Ⓐ 別^{べつ}の デザインも 見^みせて もらえますか。

다른 디자인도 보여 주시겠습니까?

Ⓑ はい。では こちらは いかがでしょうか。

네. 그럼 이건 어떠신가요?

3　Ⓐ これ、ちょっと 履^はいて みても いいですか。

이거 좀 신어 봐도 되나요?

Ⓑ はい、どうぞ。 네, 신어 보세요.

4　Ⓐ これは、ちょっと きついですね。
同^{おな}じデザインで もう少^{すこ}し 大^{おお}きい のは ありませんか。

이건 좀 꽉 끼네요. 같은 디자인으로 좀 더 큰 것은 없나요?

Ⓑ その デザインは それ以上 大きい のが
ありませんけど、他の デザインで、もう少し
大きい のを お持ちしますね。

그 디자인은 그 이상 큰 것은 없습니다만, 다른 디자인으로 좀 더 큰 것을 가져오
겠습니다.

---

5 Ⓐ (사진을 보여 주며) あの、これって ありますか。

저, 이거 있나요?

Ⓑ 申し訳ありません。
ただいま 品切れに なって います。

죄송합니다. 지금 품절입니다.

---

6 Ⓐ こちらは プレゼントに お使いでしょうか。

이건 선물로 사용하시나요?

Ⓑ ええ、きれいに 包んで ください。

네, 예쁘게 포장해 주세요.

---

7 Ⓐ 大きい袋に おまとめしましょうか。

큰 봉투에 합쳐 드릴까요?

Ⓑ いいえ、別々で お願いします。

아뇨, 따로따로 부탁드려요.

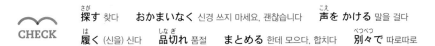

CHECK

探す 찾다　　おかまいなく 신경 쓰지 마세요, 괜찮습니다　　声を かける 말을 걸다

履く (신을) 신다　　品切れ 품절　　まとめる 한데 모으다, 합치다　　別々で 따로따로

마 메 치 시 키
まめちしき 알면 도움이되는
토막 지식

받는 사람의 취향을 고려한 오미야게

출장이나 여행지에서 가까운 지인을 위해 사 가는 지역 특산품이나 선물을 오미야게(おみやげ)라고 합니다. 미처 준비하지 못한 분들도 공항에서도 쉽게 구입할 수 있지만, 받는 사람의 취향을 고려해서 특별한 선물을 준비해 보시는 것은 어떨까요?

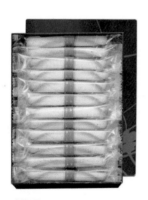

요쿠모쿠

시로이 고이비토

● 호불호 없는 무난한 선물

도쿄 바나나, 시로이 고이비토, 히요코 만쥬, 로이스(로이즈) 초콜릿 등은 일본 오미야게의 대표격이라 할 수 있죠. 이외에도 최근 들어 오미야게로 많이 구입하는 요쿠모쿠(YOKU MOKU)라는 과자가 있습니다. 긴 막대 형태의 버터 맛 과자로, 20~30개 가량 개별 포장이 되어 있습니다. 이와 같은 스낵류는 남녀노소 모두 다 좋아하기 때문에 지인이나 직장 동료에게 선물하기 좋습니다.

도쿄 바나나

● 술을 즐기는 분들을 위한 선물

한국에서도 위스키와 탄산수를 섞은 하이볼이 인기가
많습니다. 위스키를 한국에서 구입하려고 하면 주류세
(주세)로 가격이 비싸기 때문에 일본에 여행 간 김에 '가
쿠빈 위스키'를 많이들 구입하시는 것 같습니다. 다만,
한국에서 그대로 따라서 만들어 먹어 보면 일본의 하이
볼 맛과 다르다는 것을 느끼시게 될 겁니다. 그 이유는
탄산수 때문입니다. 일본에서는 하이볼을 만들 때 강탄
산수를 사용해서 좀 더 강한 탄산 맛이 느껴집니다. 일
본에서 마셨던 하이볼을 그리워하시는 분들에게는 윌
킨슨 탄산수도 함께 선물해 보시길 추천드립니다.

산토리 가쿠빈 위스키　　　윌킨슨 탄산수

● 커피 매니아를 위한 선물

드립백 커피

커피를 좋아하는 분들에게는 쉽게 내려 마실 수 있는 드
립백 커피를 선물해 보세요. 커피도 취향이 있기 때문
에 받으실 분이 평소에 어떤 맛을 즐기는지 미리 확인
해 두시는 것도 좋겠죠? 쓴맛(にがみ, 苦み), 신맛(さん
み, 酸味), 진한 맛(コク) 등, 원두의 맛을 표현하는 말을
참고로 알아 두면 도움이 됩니다. 드립백 커피 브랜드는
BLENDY, UCC, BROOK'S, KEY 커피 등 온라인 샵에서
구입할 수 있는 제품도 많지만, 일본의 백화점이나 특정
매장에서만 파는 오리지널 브랜드도 많이 있습니다.

● 캠핑족이나 자취생을 위한 선물

쉽고 간편하게 조리해서 먹을 수 있는 음식이 필요한 분들에게
는 프리즈 드라이 식품(동결 건조 식품)을 선물해 보세요. 여행
이나 출장을 가서 간단히 끼니를 해결해야 할 때, 캠핑지에서
요리 시간을 단축하고 싶을 때, 자취를 할 때 등 비상 식량이 필
요할 경우는 생각보다 많습니다.

일본은 동결 건조 식품이 발달해 있지만, 그 중에서도 '아마노
후즈(アマノフーズ)'의 동결 건조 미소시루(된장국)의 인기가
높습니다. 다양한 재료의 미소시루를 세트로 팔기 때문에 선물
로 나눠 주기도 좋습니다.

아마노후즈 동결 건조 미소시루

#분실 #응급

SCENE 7

비상 상황
대처하기

非常時の対応

음성 듣기

여행을 하다 보면 예기치 못한 상황에 맞닥뜨릴 수도 있습니다.
이때 침착함을 유지하는 것이 중요합니다.
일단 진정하고 차분하게 주변에 도움을 요청해 봅시다.
여러 가지 비상 상황 중, 물건 분실과 응급 상황에 필요한 표현을 살펴봅시다.

1 공항에서 짐이 나오지 않을 때

 track 037

(나) あずけた スーツケースが 出て こないんですけど。

(직원) どの ぐらい 待って いらっしゃいますか。

(나) 40分ぐらいです。

(직원) では、航空会社の カウンターで

「ロストバゲージ（Lost Baggage）」の ところに

行って みて ください。

나	맡긴(위탁한) 여행 가방이 나오지 않는데요.
직원	얼마나 기다리셨나요?
나	40분 정도요.
직원	그럼, 항공사 카운터의 수하물 분실 센터로 가 보세요.

CHECK

あずける 맡기다, 위탁하다

スーツケース 슈트 케이스, 여행 가방

ロストバゲージ 수하물 분실

2 공항의 수하물 분실 센터 track 038

나 あの、あずけた 荷物_{にもつ}が 出て こないので 探_{さが}して もらえませんか。

직원 はい。航空券_{こうくうけん}と おあずけに なった ときの 荷物_{にもつ}の タグは お持_もちですか。

나 これです。あと、カバンの 写真_{しゃしん}は とって あります。

직원 ありがとうございます。

見_みつかりましたら ご連絡_{れんらく}しますので、ホテルや 連絡先_{れんらくさき}を お願_{ねが}いします。

> * 항공사 카운터에서 반드시 분실 증명서를 받고
> 담당 직원의 이름 등을 확인하는 것이 좋습니다.
> 또한, 혹시 모를 분실에 대비하여 짐을 맡기기 전에
> 사진을 찍어 두면 도움이 됩니다.

나　저, 맡긴(위탁한) 짐이 나오지 않는데, 찾아봐 주시겠습니까?
직원　네. 항공원과 맡겼을 때의 수하물 태그는 가지고 계십니까?
나　여기요. 그리고 가방 사진은 찍어 두었습니다.
직원　감사합니다.
　　찾으면 연락드릴 테니 호텔이나 연락처를 적어 주세요.

CHECK

見_みつかる 발견되다,
　　　　찾게 되다

3 전철에서 물건 분실 track 039

(나) あの、電車の 中に 忘れ物を したんですけど……。

(역무원) では、忘れ物センターで 話を して ください。

(나) はい。忘れ物センターは どこに ありますか。

(역무원) ここを まっすぐ 行くと 右側に あります。

나	저, 전철 안에서 물건을 잃어버렸는데요…….
역무원	그럼, 분실물 센터에 이야기하세요.
나	네. 분실물 센터는 어디에 있나요?
역무원	여기를 곧장 가면 오른편에 있습니다.

CHECK

忘れ物 분실물

忘れ物を する
물건을 잃어버리다(잊고 오다)

4 전철의 분실물 센터 track 040

나 ここには 何を 書けば いいですか。

역무원 いつ、どこで 何を 忘れたか、品物の 色や 大きさも 書いて ください。

나 はい。私の 電話番号も 書きますか。

역무원 電話は ここに 書きます。

メールアドレスも お願いします。

나　여기에는 무엇을 쓰면 되나요?

역무원　언제, 어디서 무엇을 잃어버렸는지, 물품 색이나
　　　　크기도 써 주세요.

나　네. 제 전화번호도 쓰나요?

역무원　전화(번호)는 여기에 씁니다.
　　　　메일 주소도 적어 주세요.

CHECK

品物 물품, 물건

5 　여권 분실 track 041

나 　あの、パスポートを なくしてしまったんですが……。

직원 　じゃ、すぐ 警察に 行ったほうが いいですよ。
　警察や 交番で「受付票」を もらって ください。
　後で 大使館で 必要ですから。

나 　わかりました。そう します。

> * 여권을 분실했을 때는 먼저 경찰서나 파출소로 가서
> 　분실 신고 접수를 합니다.

나　　저, 여권을 잃어버렸는데요…….

직원　그럼 바로 경찰서에 가는 게 좋습니다.
　　　경찰서나 파출소에서 '접수증'을 받으세요.
　　　나중에 대사관에서 필요하니까요.

나　　알겠습니다. 그렇게 하겠습니다.

CHECK

交番 파출소

6 긴급 의료 조치가 필요할 때 track 042

나 すみません、救急車を 呼んで ください。

행인 はい、どこが 苦しいですか。

나 あ、むねが…

행인 もしもし、ここは 新宿 三丁目の 交差点です。
今、男の 人が……。

> * 응급 상황에 대비하여 본인의 영문 이름, 여권 번호, 생년월일, 혈액형,
> 신장, 체중, 지병 유무, 복용 중인 약, 알레르기 증상, 긴급 연락처 등을
> 휴대폰이나 수첩 등에 기록해 둡시다.

나　　저기요, 구급차를 불러 주세요.

행인　네, 어딘가 괴로우신가요?

나　　아, 가슴이…

행인　여보세요, 여기 신주쿠 3초메 교차로입니다. 지금 남자가…….

7 스스로 병원을 찾아갈 수 있을 때

track 043

나 外国人の旅行者なんですが、ちょっと 熱が 高くて……。

의사 みて みましょう。ああ、39ども ありますね。

나 夜は せきが ひどくて、ねむれません。

의사 いつ 帰国しますか。

나 3日後です。

의사 じゃ、それまでは 薬を 飲んで、休んだほうが
いいですね。

나 わかりました。

나　외국인 여행자인데요, 좀 열이 높아서…….
의사　어디 좀 볼까요? 아, 열이 39도나 되네요.
나　밤에는 기침이 심해서 잠을 잘 수가 없습니다.
의사　언제 귀국하시나요?
나　3일 후입니다.
의사　그럼, 그때까지는 약을 드시고 쉬는 편이 좋아요.
나　알겠습니다.

CHECK

ねむる 자다, 잠자다

8 약국에서 처방받을 때

 track 044

(나) (처방을 보여주며) あの、これ お願いします。

(약사) はい。少々 お待ちください。

キムさん、お薬、3日分 出て います。

1日3回、ご飯の あと 30分ぐらい して

お飲みください。

(나) はい。ありがとうございます。

(약사) お大事に。

나　　저, 이거 부탁드립니다.
약사　네, 잠시만 기다리세요.
　　　김형식 씨, 약 3일치 나왔습니다.
　　　1일 3회, 식후 30분 정도로 복용하세요.
나　　네, 감사합니다.
약사　몸조리 잘 하세요.

CHECK

飲む 마시다.
(약을) 먹다

PLUS 표현 🔊 track 045

🗨 나　○ 상대방

1 Ⓐ 新宿駅で きっぷを 買ったのに 落としてしまいました。

신주쿠 역에서 표를 샀는데 잃어버렸습니다.

Ⓑ じゃ、もう 一度、210円 お願いします。

그럼, 다시 한번 210엔 지불 부탁합니다.

2 Ⓐ さっき、こちらで 買い物したとき、ケータイを
忘れたみたいなんですけど。

아까 여기서 물건을 샀을 때 핸드폰을 놓고 간 것 같은데요.

Ⓑ こちらですね。

여기 있습니다.

Ⓐ ありがとうございます！

감사합니다!

3   (A) **何か お探しですか。**

뭔가 찾으시나요?

    (B) ここで くつを 見ていたとき、かさを
おいてきたようで… あ、ありました。
これです。どうも ありがとうございます！

여기에 구두를 봤을 때, 우산을 두고 온 것 같아서요… 아, 있습니다.
이거예요. 감사합니다!

4   (A) ちょっと 腰が 痛いんですが。

허리가 좀 아픈데요.

    (B) じゃ、この パスを はって ください。

그럼 이 파스를 붙이세요.

5   (A) ぶつかった ところから 血が 出てきました。

부딪힌 곳에서 피가 나왔습니다.

    (B) 消毒してから バンドエイドを はって
ください。

소독하고 밴드를 붙이세요.

CHECK   落とす 떨어뜨리다, 분실하다   忘れる 잊다, 잊고 오다   探す 찾다

ぶつかる 부딪히다   バンドエイド 밴드, 반창고

관련 어휘

아플 때 몸의 증상 말하기

머리가 아프다
<ruby>頭<rt>あたま</rt></ruby>が <ruby>痛<rt>いた</rt></ruby>い

열이 있다
<ruby>熱<rt>ねつ</rt></ruby>が ある

어지럽다
めまいが する

배가 아프다
お<ruby>腹<rt>なか</rt></ruby>が <ruby>痛<rt>いた</rt></ruby>い

설사한다
<ruby>下痢<rt>げり</rt></ruby>する

눈이 아프다
<ruby>目<rt>め</rt></ruby>が <ruby>痛<rt>いた</rt></ruby>い

보이지 않는다
<ruby>見<rt>み</rt></ruby>えない

눈이 가렵다
<ruby>目<rt>め</rt></ruby>が かゆい

귀가 아프다
<ruby>耳<rt>みみ</rt></ruby>が <ruby>痛<rt>いた</rt></ruby>い

들리지 않는다
<ruby>聞<rt>き</rt></ruby>こえない

이가 아프다
<ruby>歯<rt>は</rt></ruby>が <ruby>痛<rt>いた</rt></ruby>い

목(구멍)이 아프다
<ruby>喉<rt>のど</rt></ruby>が <ruby>痛<rt>いた</rt></ruby>い

track
046

허리가 아프다 こし 腰が 痛い	무릎이 아프다 ひざ 膝が 痛い	다리가 저리다 あし 足が しびれる

콧물이 나온다 はなみず で 鼻水が 出る	코피가 난다 はなち で 鼻血が 出る	재채기가 나온다 で くしゃみが 出る

기침이 나온다 で せきが 出る	가슴이 아프다 むね いた 胸が 痛い	숨쉬기 힘들다 いきぐる 息苦しい

두드러기가 난다 で じんましんが 出る	넘어졌다 ころ 転んだ	다쳤다 けがを した

화상을 입었다 やけどを した	교통사고 こうつう じ こ 交通事故	! PART2-SCENE8의 병원 · 약국 이용하기를 참고하세요.(192p)

마 메 치 시 키
알면 도움이되는
토막 지식

이럴 땐
어떻게?

물건을 분실했을 경우

여행을 다니다 보면 전철이나 버스, 택시 등에서 물건을 잃어버리는 경우가 있습니다. 그럴 경우에는 가장 먼저 역무원 또는 버스와 택시 회사에 문의하면 됩니다. 이때 잃어버린 물건에 대한 정보는 물론, 탑승했던 교통 기관의 노선, 시간, 차량 위치 등, 자세한 정보를 알려주는 것이 좋습니다. 전철의 경우 분실물 센터(お忘れ物センター) 또는 분실물 취급소(お忘れ物取扱所)를 방문하면 되는데, 만일 찾기 힘들다면 개찰구 쪽에 상주해 있는 역무원에게 문의해도 됩니다. 또, 분실했을 것으로 예상되는 역으로 꼭 찾아가지 않아도 되고 다른 역에서 문의해도 상관없습니다.

물건을 찾았을 때 연락받을 전화번호를 남겨야 하는데, 만일 휴대폰을 분실했을 경우라면 연락이 가능한 지인의 전화번호, 혹은 숙소의 연락처를 기입하면 됩니다. 따라서 비상 연락이 가능한 연락처, 숙소 정보를 별도로 메모해 두는 것이 좋습니다.

분실물 보관소

지하철 분실물 센터

여권을 분실했을 경우

여행 도중 여권을 잃어버렸다면, 가장 먼저 경찰서 또는 파출소를 방문하여 여권 분실 신고를 하고 분실 접수증(受付票)을 받습니다.

접수증을 소지하고 영사부에 방문하여 한국 귀국을 위한 '긴급 여권' 또는 '여행 증명서'를 신청합니다. (주일본 대한민국 대사관의 영사부 연락처 : +81-3-3455-2601)

긴급 여권의 발급은 접수 후 1~2일이 소요됩니다. 따라서 귀국일이 2일 이상 남았을 경우 신청하는 게 좋으며, 급히 귀국해야 하는 상황이라면 여행 증명서 발급을 신청합니다.

만일의 경우를 대비해 여행 전에 여권을 복사해 두거나 여권 번호, 발행 연월일, 공관 연락처와 위치를 메모해 두는 것이 좋습니다.

긴급 여권 발급 후에도 유의해야 할 사항이 있습니다. 영사부에서 발급받은 긴급 여권은 임의로 폐기하면 안 됩니다. 귀국 후 여권 재발급 신청 시 필요하기 때문에 반드시 보관해야 합니다. 긴급 여권 발급을 위해 영사부에 분실 신고를 하게 되면 여권은 즉시 무효화되기 때문에 분실했던 여권을 찾더라도 종전의 여권은 사용할 수 없습니다. 보다 자세한 내용은 주일본 대한민국 대사관의 긴급 여권 신청 절차를 확인해 보시기 바랍니다.

몸이 아파 병원에
가야할 때

일본정부관광국 홈페이지에 들어가면 일본의 의료 기관에 대한 정보를 찾을 수 있습니다. 우측 상단의 언어 선택 버튼을 '한국어'로 설정하면 보다 쉽게 검색이 가능합니다.

화면의 〈의료기관 검색〉을 누르고, 지역과 취급 언어, 진료 과목, 신용 카드 종류 등의 옵션을 체크하면 진료가 가능한 가까운 병원이 표시됩니다. 응급 진료, 일반 진료 대응이 모두 가능하므로 비상시 대비를 위해 북마크 또는 휴대폰 홈 화면에 등록해 두시는 것도 좋습니다.

일본정부관광국(JNTO)의 의료 기관 이용 가이드

PART 2

유학·워홀
留学・ワーホリ

#중·장기 체류에 필요한 일본어

SCENE 1

집 구하기

部屋探し

음성 듣기

일본에 정착하기 위해 먼저 해야 할 일 중 하나가 집을 구하는 것입니다.
부동산 상담부터 계약까지, 기본적으로 어떤 대화가 오고 가는지
지금부터 간단히 살펴봅시다.

1 부동산에 문의 track 047

나 すみません、部屋を探しているんですけど。

직원 お探しの部屋のご希望はありますか。

나 家賃は8万円以下、新宿まで30分以内で行ける

ところですね。乗り換えなしで。

직원 (컴퓨터를 보며) 少々お待ちください。

他に条件はありませんか。

나 2階以上で、南向きの部屋がいいですね。

나	실례합니다. 집을 찾고 있는데요.
직원	찾으시는 집의 희망 사항은 있으신가요?
나	월세는 8만 엔 이하이고, 신주쿠까지 30분 이내에 갈 수 있는 곳인데요. 환승 없이요.
직원	잠시만 기다려 주세요. 다른 조건은 없으신가요?
나	2층 이상이고, 남향 방이 좋아요.

CHECK

部屋 방, 집

乗り換え 갈아탐, 환승

南向き 남향

2 집 보러 가기 1 track 048

（직원） こちらです。ワンルームでも広いでしょう。

（나） えーっと、荷物を入れるところは押入れが
1つだけですね。

（직원） 洗面台のよこにクローゼットもあります。

（나） それは便利ですね。バス・トイレも別だし、

ベランダもけっこう広いし…

インターネットはどうなっていますか。

직원	이쪽입니다. 원룸이라도 넓죠?
나	음, 짐을 넣는 곳은 벽장이 하나뿐이네요.
직원	세면대 옆에 옷장도 있어요.
나	그건 편리하네요. 욕실과 화장실도 따로고, 베란다도 꽤 넓고… 인터넷은 어떻게 되어 있나요?

CHECK

押し入れ 벽장

クローゼット
벽장, 수납장

バス 욕실

3 집 보러 가기 2

 track 049

나 ちょっと水を出してみてもいいですか。

직원 すみません。
電気は使えますが、水道は契約前には
使えないようになってまして……。

나 あ、そうか。じゃ、防音はどうですか。

직원 RC構造だから木造のアパートに比べて、
防音効果は十分です。

나 물을 좀 틀어 봐도 될까요?

직원 죄송합니다. 전기는 쓸 수 있지만,
수도는 계약 전에는 쓸 수 없도록 되어 있어서…….

나 아, 그렇구나. 그럼 방음은 어때요?

직원 RC구조라서 목조 아파트에 비해
방음 효과는 충분합니다.

CHECK

水を出す 물을 틀다
RC構造
철근 콘크리트 구조

4 계약하기 1 track 050

나 最初に見たところで契約したいんですが、

何が要りますか。

직원 この入居申請書に記入してください。

それと、「緊急連絡先」として日本人のお知り合いは

いませんか。

나 それは保証人のことですか。

직원 いいえ。本人に連絡できないときに連絡する

だけです。何も責任はありません。

나	처음에 본 곳으로 계약하고 싶은데, 뭐가 필요한가요?
직원	이 입주 신청서에 기입 부탁드립니다. 그리고 '비상 연락처'로서 일본 지인은 없으신가요?
나	그건 보증인을 말하나요?
직원	아니요. 본인에게 연락되지 않을 때에 연락하기만 할 뿐입니다. 아무것도 책임은 없습니다.

CHECK

要る 필요하다

入居申請書
입주 신청서

保証人 보증인

5 계약하기 2 track 051

(직원) 初期費用の明細を送りますので、

こちらに口座振替で入金をお願いします。

(나) あの、まだ銀行口座ができていないので、

現金で支払ってもいいですか。

(직원) もちろんです。契約の日に持ってきてください。

(나) カギの交換費用や火災保険も義務ですか。

(직원) 今はほとんど、そうですね。

この物件もそうしていただくことになっています。

직원	초기 비용의 명세를 보내드릴 테니,
	이쪽에 계좌 이체로 입금을 부탁드립니다.
나	저기, 아직 은행 계좌를 만들지 못 했는데,
	현금으로 지불해도 될까요?
직원	물론입니다. 계약일에 가져와 주세요.
나	열쇠 교환비나 화재 보험도 의무인가요?
직원	지금은 대부분 그렇습니다.
	이 물건도 그렇게 되어 있습니다.

CHECK

口座振替 계좌 이체

---

6 입주 심사 track 052

（직원） 保証会社から緊急連絡先に電話があるので

出られるようにしてください。

（나） もし電話に出られなかったら？

（직원） 何度も連絡しますから大丈夫ですよ。

普通は１週間以内に審査が終ります。

（나） よろしくお願いします。

직원	보증 회사에서 비상 연락처로 전화가 있을 테니 받을 수 있도록 해 주세요.
나	만약에 전화를 못 받으면요?
직원	몇 번이나 연락하니까 괜찮습니다. 보통은 1주일 이내에 심사가 끝납니다.
나	잘 부탁드리겠습니다.

CHECK

緊急連絡先
긴급 (비상) 연락처

PLUS 표현 🔊 track 053

■ 나 ○ 상대방

1 Ⓐ 一人で住むには１DKか１Kの部屋で十分です。

혼자 살기에는 1DK나 1K의 집으로 충분합니다.

Ⓑ DKとKはどう違いますか。

DK와 K는 어떻게 다른가요?

Ⓐ DKはキッチンが広いです。

DK(다이닝 키친)는 부엌이 넓어요.

2 Ⓐ そこは部屋がいくつありますか。

거기는 방이 몇 개 있나요?

Ⓑ ２DKで自転車おきばがあります。

방 두 개와 다이닝 키친이 있고 자전거 보관소가 있습니다.

3 Ⓐ 駐車スペースはありますか。

주차 공간은 있나요?

Ⓑ このマンションには駐車場がありません。

이 맨션에는 주차장이 없습니다.

CHECK　DK 다이닝 키친(식사 공간과 부엌을 겸한 공간)　おきば 물건을 보관하는 곳(보관소)

4　**A** この部屋は南向きで角部屋です。
へ や みなみ む かど べ や

이 집은 남향의 맨 끝 집입니다.

　B 日当たりがよさそうですね。
ひ あ

채광이 좋을 것 같네요.

5　**A** 新築ですか。
しんちく

신축인가요?

　B 築10年ですが最寄り駅まで７分で人気があり
ちく ねん も よ えき ふん にん き
ます。

지은 지 10년 됐지만 가장 가까운 역까지 7분으로 인기가 많습니다.

6　**A** バス・トイレ別がいいですが、ユニットバスでも
べつ
いいです。

욕실 · 화장실 따로 되어 있는 곳이 좋지만 일체형이라도 괜찮습니다.

　B ユニットバスの方が家賃もやすいですよ。
ほう や ちん

일체형 쪽이 집세도 저렴합니다.

CHECK

角部屋 맨 끝에 위치한 방(집)　　**日当たり** 볕이 듦, 채광　　**新築** 신축
かど べ や　　　　　　　　　　　　　ひ あ　　　　　　　　　　　しんちく
築～年 지은 지 ~년　　**最寄り** 가장 가까움　　**ユニットバス** 욕조와 변기가 같이 있는 것
ちく ねん　　　　　　　も よ

7　**A** 初期費用はどのぐらいになりますか。

초기 비용은 어느 정도 되나요?

　B こちらの物件は50万円くらいになりますね。

이 물건은 50만 엔 정도 됩니다.

8　**A** 礼金のないところはないですか。

사례금이 없는 곳은 없나요?

　B ありますが、居住環境が悪い場合もあります。

있지만, 거주 환경이 나쁜 경우도 있습니다.

9　**A** カギはいつもらえますか。

열쇠는 언제 받을 수 있나요?

　B 契約する日にお渡しします。

계약하는 날에 드리겠습니다.

10　**A** 保証会社は加入しなければなりませんか。

보증 회사는 가입해야 하나요?

　B 保証会社じゃないと入居審査に落ちることが

あります。

보증 회사가 아니면 입주 심사에 떨어질 수도 있습니다.

---

11 Ⓐ 緊急連絡先は日本人じゃなければだめですか。

긴급 (비상) 연락처는 일본인이 아니면 안 되나요?

Ⓑ 日本人じゃなければ審査が厳しいかもしれません。

일본인이 아니면 심사가 까다로울지도 모릅니다.

12 Ⓐ 家のことで問題があった時はどこに連絡すればいいですか。

집에 문제가 있을 때는 어디에 연락하면 되나요?

Ⓑ かぎをなくしたり、何かトラブルがおきたら、こちらに連絡をください。

열쇠를 분실하거나 뭔가 문제가 생기면 이쪽으로(이 번호로) 연락을 주세요.

CHECK　物件 (부동산) 물건　　礼金 사례금

 알면 도움이되는
토막 지식

일본 정착의
첫 번째 관문 '집 구하기'

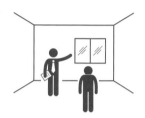

초기 비용

일본 사람들에게는 당연한 비용이지만 한국 사람들에게는 생소한 개념의 비용도 있습니다. 관련 용어를 간단히 살펴봅시다.

● **시키킹** 敷金
보증금과 비슷한 개념으로, 퇴실할 때 집 상태에 따라 어느 정도 차감 된 후 돌려 받는 돈입니다.

● **레이킹** 礼金
집을 빌려주어서 감사하다는 의미로 집주인에게 지불하는 돈입니다. 좋은 물건일수록 높게 책정됩니다. 지진 등으로 주택이 부족해져서 집을 구하기 어려웠던 시기 때부터 생긴 개념이라는 설이 있습니다.

● **집 클리닝 비용** ハウス・クリーニング費用
입주 전에 진행하는 청소 대행 비용입니다. 보통 시키킹에서 청소, 수리 비용을 충당하는데 별도 지불하는 경우도 있습니다. 이 비용은 입주자가 스스로 진행하겠다고 해도 반강제적으로 진행되는 경우가 많습니다.

● **월세** 家賃
월세의 경우 다음 두 가지 패턴이 있는데, 2번의 경우가 많습니다.

1 입주일로부터 해당 월의 마지막 날까지 일할 계산한 월세
2 입주일로부터 해당 월의 마지막 날까지 일할 계산한 월세 + 월세 한 달치
   예 6월 28일 입주: 6/28 ~ 6/30(3일치 월세)
   + 7월 한 달치 월세 지불

● **안심 서포트** 安心入居サポート
열쇠를 분실하거나 거주하고 있는 집에 긴급하게 문제가 생겼을 때 24시간 대응해 주는 서비스입니다.
이 항목 역시 대부분 의무 가입일 경우가 많습니다.

● **열쇠 교환비** 鍵の交換費用 (かぎ こうかん ひよう)

도어락이 보편화된 한국에 비해 일본은 열쇠를 많이 사용합니다. 이사를 할 때 이전 입주자가 열쇠를 복사를 해 두는 등 범죄에 노출될 위험이 있기 때문에 열쇠 교환을 필수적으로 진행하는 경우가 많습니다. 2만 엔부터 5만 엔까지 관리 회사에 따라 비용 차가 큰 편입니다.

● **화재 보험** 火災保険 (か さい ほ けん)

지진, 화재 등의 자연 재해에 대비한 보험료입니다. 입주자가 화재 보험에 반드시 가입해야 할 의무는 없지만 부동산 계약 조건상 화재 보험 가입이 필수인 경우가 대부분입니다. 매달 지불하는 비용이 아닌 최초 계약 시 지불하는 비용입니다.

● **보증 회사 이용료** 保証会社利用料 (ほ しょうがいしゃ り ようりょう)

말 그대로 보증 회사를 이용할 때 드는 가입비 및 이용료입니다. 보통 계약시 월세의 40~60%를 선지급하며, 물건에 따라 매달 1~2%의 이용료가 추가로 발생하기도 합니다. 또한 1년에 한 번 10,000엔 정도의 갱신료를 납부하게 됩니다.

추천 방법

일본에 입국하기 전에 집을 구해 놓아야 할지, 아니면 입국하고 나서 구해야 할지 막막하신 분들 많으시죠? 한국에서 구할 경우 '입주자가 정말로 일본에 입국을 할 것인가?'에 대한 리스크를 고려해 집주인이 입주를 허가하지 않는 경우가 많습니다. 아무래도 한정된 부동산 물건 중에서 고를 수밖에 없기 때문에 선택지가 매우 좁아집니다. 따라서 우선 일본에 입국을 하신 후에 집을 구하는 쪽을 추천드립니다.

'집 구하기' 프로세스

1 한국에 있을 때, 일본에서 한 달 가량 임의로 거주할 곳을 우선 예약하기(에어비엔비, 셰어 하우스 등)
2 일본 입국하기 한 달 전 정도부터 해당 지역의 부동산에 의뢰하여 물건 정보 받아 보기
3 일본에 입국한 후에 미리 봐 둔 물건을 견학하기
4 마음에 드는 물건의 입주 신청을 진행하고 입주하기

입주 기본 조건

1 일본어 이해 능력
   (거주 시 트러블 등의 해결을 위해)
2 집세 지불 능력
   (일정한 수입 또는 예금 잔액 증명서)
3 재류 자격
   (재류 카드, 재류 자격 인정 증명서 등)

궁금해요

Q. 일본 입국 후 14일 이내에 주소 등록을 해야 한다고 하는데 14일이 넘을 것 같아요. 괜찮나요?

A. 실제로 거주할 곳이 생기고 난 후 14일 이내입니다. 따라서 임시 거주 상태에서는 해당 사항이 없습니다.

SCENE 2

주소 등록하기

住所登録

음성 듣기

집을 계약했으면 구청 또는 시청에 가서 주소를 등록해야 합니다.
이때, 보통 주민표를 발급받고 건강 보험도 함께 가입합니다.
주소 등록 시 어떤 대화가 오고 가는지 간단히 살펴봅시다.

1 구청·시청 안내 데스크에 문의하기

 track 054

나 すみません、住所登録しに来たんですが。

담당자 空港で在留カードはもらいましたか。

나 (재류 카드를 보여주며) ええ、これですね。

담당자 あそこの階段を上がって３番の窓口に行ってください。

나	실례합니다. 주소 등록 하러 왔는데요.
담당자	공항에서 재류 카드는 받으셨나요?
나	네, 이거죠?
담당자	저기 계단을 올라가서 3번 창구로 가세요.

CHECK

在留カード 재류 카드 (일본 내 체류 자격을 허가하기 위해 공항에서 발급하는 카드로, 신분증 역할을 한다.)

窓口 창구

2 주민 이동 신고서 작성하기 track 055

나 すみません。ここには何(なに)を書(か)けばいいんでしょうか。

담당자 そこには今日(きょう)の日付(ひづけ)、ここは今住(います)んでいる住所(じゅうしょ)を
書(か)いてください。

나 あ、ありがとうございます。
じゃあ、ここは何(なに)を書(か)くんですか。

담당자 そこは名前(なまえ)のフリガナ(=読(よ)み方(かた))を書(か)けばいいです。

CHECK

住民移動届け(じゅうみん いどうとどけ)
주민 이동 신고서 (주소
등록, 주소지 이동 등의
변경 사항을 신고하기
위해 작성하는 신청서)

フリガナ
한자의 읽는 법을 표시
한 문자로「フリガナ」로
써 있으면 가타카나로,
「ふりがな」로 써 있으면
히라가나로 적는다.

나	실례합니다. 여기에는 무엇을 쓰면 되나요?
담당자	거기에는 오늘 날짜, 여기는 지금 살고 있는 주소를 써 주세요.
나	아, 감사합니다. 그럼 여기는 무엇을 쓰죠?
담당자	거기는 이름의 후리가나(읽는 법)를 쓰면 됩니다.

3 주민표 발급받기 track 056

나 すみません。住民票2通、必要なんですが。

담당자 あそこに「請求書」がありますから、記入して持ってきてください。

나 はい。これでいいですか。

담당자 本人ですね。在留カードとパスポートを見せてください。

(확인 후) けっこうです。では、少々お待ちください。

나 저기요, 주민표 2통 필요한데요.

담당자 거기에 '청구서'가 있으니 기입해서 가지고 와 주세요.

나 네, 이걸로 됐나요?

담당자 본인이시죠? 재류 카드와 여권을 보여 주세요.
됐습니다. 그럼 잠시만 기다려 주세요.

CHECK

住民票 주민표
(성명, 성별, 생년월일, 주소 등의 사항을 기재하는 주민 기록표)

4 건강 보험에 가입하기 track 057

나 ワーホリで来た外国人ですが、健康保険に入らなくては
いけませんか。

담당자 はい、3か月以上日本にいる人はみんな入ります。

나 まだ収入がないんですが……。

담당자 そういう方は保険料が安くなります。

나 워킹 홀리데이로 온 외국인인데요,
건강 보험에 들어야 하나요?

담당자 네, 3개월 이상 일본에 있는 사람은 모두 가입합니다.

나 아직 수입이 없는데요…….

담당자 그런 분은 보험료가 저렴해집니다.

CHECK

ワーホリ
「ワーキングホリデー
워킹 홀리데이」의 준말
(국가 간 비자 협정을
통해 상대국에서 관광
과 취업을 할 수 있도록
허가하는 제도)

➕PLUS 표현 🔊 track 058

🗨 나 　◯ 상대방

1　Ⓐ (공항에서) **ワーキングホリデーですね**。워킹 홀리데이시군요.

　　住所は決まっていますか。주소는 정해졌나요?

　　Ⓑ **いいえ、マンスリーマンションに泊まって、**
　　　部屋を探します。
　　　아니요, 먼슬리 맨션에 머물면서 집을 구할 겁니다.

2　Ⓐ (공항에서) **住所が決まったら、この在留カードをもって**
　　市役所か区役所に行ってください。
　　주소가 정해지면, 이 재류 카드를 가지고 시청이나 구청에 가세요.

　　Ⓑ **はい。いつまでに行けばいいですか。**
　　　네, 언제까지 가면 되나요?

　　Ⓐ **住所が決まてから14日以内です。** 주소가 정해진 후 14일 이내입니다.

3　Ⓐ **ここが世田谷区役所ですか。** 여기가 세타가야 구청인가요?

　　Ⓑ **はい、どんなご用件ですか。** 네, 어떤 용건이시죠?

　　Ⓐ **住所登録に来ました。** 주민 등록하러 왔습니다.

　　Ⓑ **あそこの市民課に行ってください。**
　　　저기 시민과로 가세요.

---

4 **A** これが私の番号なんですが、まだ私の番じゃない
ですか。

이게 제 (대기) 번호인데요, 아직 제 순서가 아닌가요?

B あと2人お待ちです。

앞으로 두 분 대기 중입니다(앞에 두 분 더 계십니다).

5 **A** まだ携帯の番号はありません。

아직 휴대폰 번호는 없습니다.

B それではそこは空けておいてください。
番号が決まりましたら知らせてくださいね。

그럼 거기는 (작성을) 비워 주세요. 번호가 정해지면 알려 주세요.

6 **A** 携帯電話の契約やアルバイトをする時にも住民票が
必要ですか。

휴대 전화 계약이나 아르바이트를 할 때에도 주민표가 필요한가요?

B はい、必要です。

네, 필요합니다.

CHECK マンスリーマンション 먼슬리 맨션(1개월 단위로 임대하는 맨션)　市役所 시청
区役所 구청　空ける 비우다

まめちしき
마 메 치 시 키

알면 도움이되는
토막 지식

주소 등록과
건강 보험 가입하기

일본 주소 등록 후
주민표 발급받기

일본에 3개월 이상 체류하는 외국인의 경우, 자신들이 거주하는 지역의 구청(시청)에 직접 가서 주소를 등록해야 합니다. 쉽게 말씀드리면, 재류 카드가 있는 분이라면 필수적으로 거쳐야 하는 코스입니다.

준비물은 간단합니다. 일본 입국 시 공항에서 교부받은 '재류 카드'와 신분을 증명할 '여권', 그리고 혹시 모르니 도장도 함께 준비합니다. 워낙 하루에도 주소 등록을 하러 오는 외국인이 많다 보니, 「住所登録しに来ました 주소 등록 하러 왔습니다」한마디만 하면 친절히 안내가 시작됩니다. 담당자의 안내를 받으며 주민 등록 신청서를 작성하면 됩니다.

일본어가 어려우면 지체 없이 직원을 불러서 「すみません。ちょっと書き方を教えてもらえますか」하고 작성을 도와 달라고 요청하셔도 괜찮습니다. 작성을 마친 후 재류 카드와 함께 제출하면 재류 카드 뒷면에 현재 주소가 찍혀 나오게 됩니다. 이러면 우선 주소 등록은 완료! 이때 담당자가 '주민표 住民票'를 발급받을지 물어보는데, 만일을 위해 2장 정도 발급(유료)을 받으시는 것이 좋습니다.

주민 이동 신고서 (※관공서마다 서식이 다를 수 있음)

世田谷区長 あて	**住民異動届** 兼	職権記録書 申出書

① 신청인 성명 / 생년월일

② 전화번호

③ 본인을 확인할 수 있는 증명서

④ 이동일: 이사한 날짜(살기 시작한 날)

⑤ 신청일: 오늘 날짜

⑥⑦ 새 주소와 세대주 이름

⑧⑨ 구 주소와 세대주 이름
　　(일본 와서 처음 등록이면 생략)

⑩ 한자 이름과 후리가나 또는 가타카나

⑪ 생년월일

⑫ 관계: 세대주면 世帯主 또는 House hold

⑬ 알파벳(로마자) 이름 표기

⑭ 국적

⑮ 재류 카드 번호

⑯ 재류 자격: 예 student, working holiday 등

⑰ 재류 기간: 예 4 years

⑱ 재류 기간 만료일

국민 건강 보험 가입하기

주소 등록과 주민표 발급이 끝나면 건강 보험을 가입합니다. 3개월 이상 재류(체류)하는 사람은 의무적으로 건강 보험에 가입해야 하는데, 취업 비자로 오시는 분들은 이미 직장의 사회 보험 안에 포함되어 있기 때문에 따로 신청할 필요가 없지만, 워킹 홀리데이와 유학 비자로 오시는 분들은 구청(시청)에 방문하실 때 같이 가입하시는 게 좋습니다.

주소 등록과 마찬가지로 보험 가입 시에도 개인 인적 사항을 작성하게 되는데, 이때 담당자가 현재 수입에 대해 질문을 합니다. 수입에 따라 건강 보험료가 다르게 책정되기 때문입니다. 이때, 일본에 온 지 얼마 안 되어 수입이 없다고 하면 보험료가 감액이 됩니다. 참고로 건강 보험에 가입하면 의료비의 30%만 부담하게 됩니다.

#휴대폰 #전화번호

SCENE 3

휴대폰
개통하기

携帯電話加入

음성 듣기

은행, 병원, 각종 계약 등 자신을 증명해야 하는
문서를 작성할 때 필수적으로 전화번호를 기입해야 합니다.
그래서 반드시 정착 초기에 휴대폰 개통이 필요합니다.
지금부터 휴대폰을 개통할 때 주고받는 대화를 살펴봅시다.

1 매장 방문하기

 track 059

나 すみません。ケータイを新規契約したいんですが。

직원 いらっしゃいませ。外国の方ですね。

나 ええ。在留カードは持ってきています。

직원 これが当店の料金プランです。

どうぞ、ご確認ください。

나	안녕하세요. 휴대폰을 개통하려고 하는데요.
직원	어서 오세요. 외국분이시군요.
나	네, 재류 카드는 가지고 왔습니다.
직원	이것이 저희 매장의 요금제입니다.
	한번 확인해 보세요.

CHECK

新規 신규

契約 계약

2　결제 방법 문의하기 track 060

<ruby>직원<rt></rt></ruby> ご<ruby>本人名義<rt>ほんにんめいぎ</rt></ruby>のクレジットカードはお<ruby>持<rt>も</rt></ruby>ちでしょうか。

나　マスターカードはあります。

あと、<ruby>韓国<rt>かんこく</rt></ruby>から<ruby>持<rt>も</rt></ruby>ってきたデビットカードも

あります。

직원　デビットカードは<ruby>使<rt>つか</rt></ruby>えません。

マスターカードで<ruby>お願<rt>ねが</rt></ruby>いします。

나　はい、よろしく<ruby>お願<rt>ねが</rt></ruby>いします。

직원	본인 명의의 신용 카드는 가지고 계신가요?
나	Master카드는 있어요. 그리고 한국에서 가져온 데빗 카드도 있습니다.
직원	데빗 카드는 쓸 수 없습니다. Master카드로 부탁드립니다.
나	네, 잘 부탁드리겠습니다.

CHECK

デビットカード
데빗 카드(직불 카드)

3 캠페인 및 위약금 문의하기

 track 061

나 新規加入キャンペーンって何かありませんか。

직원 申し訳ございません。先週まであったんですが、

次のキャンペーンはまだわかりません。

나 そうですか。解約するときに違約金はありますか。

직원 2022年から、途中解約の違約金はなくなりました。

나 　신규 가입 캠페인은 뭔가 없나요?

직원 　죄송합니다. 지난주까지 있었는데,
　　　다음 캠페인은 언제 진행될지 모릅니다.

나 　아, 그렇군요. 해지할 때 위약금은 있나요?

직원 　2022년부터 중도 해지 위약금은 없어졌습니다.

CHECK

解約 해약, 해지

4 요금제 문의하기 track 062

나 韓国では毎月だいたい10ギガくらい使ってました。

직원 それでは、こちらのプランが最適かと思います。
通話もたくさんお使いですか。

나 いや、通話はあまりしない方です。
データ使い放題プランもありますか。

직원 申し訳ございませんが、データ使い放題というプランは
ございませんが。

나 ケータイの料金はどうやって払いますか。

직원 登録されたカードから自動引き落としになります。

나	한국에서는 보통 한 달에 10GB 정도 사용했습니다.
직원	그러시면 이 플랜이 최적일 것 같습니다.
	통화도 많이 하시나요?
나	아니요, 통화는 별로 하지 않는 편입니다.
	데이터 무제한 플랜도 있나요?
직원	죄송하지만, 데이터 무제한 플랜은 없습니다.
나	핸드폰 요금은 어떻게 지불하나요?
직원	등록하신 카드에서 자동 이체됩니다.

CHECK

使い放題 무제한 (사용)
～放題 마음껏 ～하는 것
払う 지불하다
引き落とし 이체

PLUS 표현 🔊 track 063

🔳 나　　○ 상대방

---

1 毎月、〜ギガくらいデータを使いますが、
どんな料金プランがありますか。

매달 〜GB 데이터를 쓰는데, 어떤 요금제가 있나요?

---

2 これが当店オススメの料金プランです。どうでしょうか。

이것이 저희 매장의 추천 요금제입니다. 어떠신가요?

---

3 新規加入の特典やサービスはありませんか。

신규 가입 혜택이나 서비스는 없나요?

---

4 それなら1か月にいくらぐらい払うことになりますか。

그럼 한 달에 얼마 정도 지불하게 되는 건가요?

---

5 この特典はいつまで適用になりますか。

이 혜택은 언제까지 적용되는 건가요?

⌣
CHECK　　おススメ 추천　　しばり 묶음

6　最近、2年しばりのような条件がなくなったそうですが、
解約金(違約金)などはありませんか。

최근에 2년 약정과 같은 조건이 없어졌다고 하는데, 해약금(위약금) 등은 없나요?

7　契約のときに審査はありますか。

계약할 때 심사는 있나요?

관련 어휘

 track 064

휴대폰

- 통신사(도코모, au 등)

キャリア

- 계정

アカウント

- 비행기 모드

機内モード

- 진동

マナーモード
サイレントモード

- 영상 통화

ビデオ通話

- 배경 화면

待受画面

- 앱, 어플

アプリ

- 접속

アクセス

- 휴대폰을 보며 다른 동작을 하는 것

ながらスマホ

- 다른 통신 회사로 바꿈 (갈아탐)

乗り換え

 알면 도움이되는
토막 지식

일본에서 휴대폰 개통하기

통신사 선택하기

휴대폰 번호를 개통하려면 우선 휴대폰이 있어야겠죠? 일본
에서 구입해도 되지만, 한국에서 사용하던 휴대폰의 '컨트리
락(Country Lock)'을 해제하고 일본으로 가져오면 대부분의
기종을 일본에서도 그대로 사용 가능합니다.
휴대폰이 준비되셨다면 이제 통신사를 골라 봅시다. 일본도
한국과 마찬가지로 3대 메이저 통신사와 신흥 강자 1사가 있
습니다. 바로 '도코모 · au · 소프트뱅크' 그리고 '라쿠텐 모바
일'입니다.
이 통신사들은 '①통화 품질이 안정적이다 ②오프라인 매
장이 많아 대응이 쉽다 ③전용 메일 주소를 사용할 수 있다
④데이터 무제한 요금제가 있다'라는 장점이 있는 반면, 가격
이 비교적 비싸고 일본에 체류한 지 얼마 안 된 사람들에게는
가입 문턱이 높다는 단점이 있습니다.

따라서 일본에 온 지 얼마 안 된 사람은 보통 '가쿠야스 格安
SIM'이라고 불리는 자급제 통신사와 상관없이 기기만 구매하는 것
SIM 통신사 쪽으로 많이 알아봅니다. 대표적인 브랜드는 오
른쪽과 같습니다.
여담이지만, 저는 Y모바일에 광속 인터넷을 결합한 싱품을 현
재 사용 중입니다. 여러분도 가격 비교 사이트(価格.com)를 통
해 자신의 데이터 사용량을 비교하며 골라 보시기 바랍니다.

Ahamo
도코모의 자회사

UQ모바일
au의 자회사

Y모바일
소프트뱅크의 자회사

라인모바일

휴대폰 개통에 필요한 준비물

- **본인 확인 서류**
  재류 카드

- **본인 명의 신용 카드**
  VISA, MASTER 등

- **여권과 주민표**
  매장에 따라 요구하는 경우도 있으므로 만일을
  위해 둘 다 지참하는 것이 좋습니다.

결제 방법 선택하기

휴대폰 사용료 지불 방법으로 '신용 카드'를 선택
할 때 거부되는 경우가 많은데, 가장 좋은 방법은
'일본에서 만든 신용 카드'를 등록하는 것입니다.
그러나 일본에 온 지 얼마 안 되어 일본에서 만든
신용 카드가 없으신 분들은 한국에서 만든 본인
명의 VISA, MASTER 등의 글로벌 카드 브랜
드로 등록하시면 됩니다.

또한 통신사에 따라 '계좌 이체'가 가능한 경우도
있습니다. 유초 은행 통장을 개설하셨다면 통신
사에 별도로 '계좌 이체' 가능 여부를 확인해 보
시기 바랍니다.(138p. 통장 개설하기 참고)
다만 문제는 '한국에서 만든 본인 명의의 직불 카
드'입니다. 이 부분에 대해서는 통신사별로 정책
이 다르기 때문에 직불 카드는 거절될 확률이 높
다고 보시면 됩니다.

핸드폰 요금제의 경우, 각 회사들의 이벤트 여부
에 따라 할인율이 굉장히 다르게 적용되기 때문
에 '어느 통신사든지 상관없다!'라고 하시는 분이
라면 꼭! 캠페인을 실시하고 있는 회사에서 계약
하시기를 추천드립니다.

SCENE 4

통장 개설하기

通帳づくり

음성 듣기

일본에 거주하기 위해 우선 해야 할 일 중에 하나가 통장 개설입니다.
준비물만 잘 챙겨가면 크게 어렵지 않습니다.
은행에서 어떤 대화를 주고받는지 간단히 살펴봅시다.

1 은행에 문의하기 track 065

나 あの、新しく口座を作りたいんですが…外国人ですけど。

직원 在留カードと住民票はお持ちですか。

나 (재류 카드와 주민표를 보여주며) はい、こちらです。

직원 家や学校に近い支店で作ってください。
お客さまの住所に近いのは世田谷支店ですね。

나 じゃ、そちらで手続きします。

나 저, 새로 계좌를 개설하고 싶은데요…
외국인인데요.

직원 재류 카드와 주민표는 가지고 계신가요?

나 네, 여기 있습니다.

직원 집이나 학교와 가까운 지점에서 만드세요.
고객님의 주소와 가까운 곳은 세타가야 지점이네요.

나 그럼, 그쪽에서 진행하겠습니다.

CHECK

口座 (은행) 계좌

手続き 수속, 절차

2 가까운 지점 방문하기

 track 066

직원 ハンコはお持ちですか。

あと、在留カードもお願いします。

나 はい。

직원 通帳のお名前は在留カードと同じローマ字に

なります。お名前は何と読みますか。

나 はい。キム・ヒョンシクです。

직원	도장은 가지고 계신가요?
	그리고 재류 카드도 부탁드립니다.
나	네.
직원	통장의 이름은 재류 카드와 동일한 로마자가 됩니다.
	성함은 뭐라고 읽나요?
나	네. 김형식입니다.

CHECK

通帳 통장

3　캐쉬 카드 신청하기　 track 067

(직원)　こちらが通帳です。

(나)　あ、キャッシュカードも申し込みたいんですが、
今日申し込めば、いつ頃もらえますか。

(직원)　キャッシュカードは1週間ぐらいかかります。
こちらに4ケタの暗証番号を書いてください。

(나)　キャッシュカードをもらう時はここに来れば
いいですか。

CHECK

キャッシュカード 캐쉬 카드(ATM에서 계좌의 돈을 입출금 가능힌 카드)　**申し込む** 신청하다

ケタ (숫자의) 자릿수　**暗証番号** 비밀번호　**書留** 등기 우편 (「書留郵便」의 준말)

（직원） 書留でお送りします。

その時に在留カードかパスポートを見せてください。

（나） はい、ありがとうございました。

직원	여기, 통장입니다.
나	아, 캐쉬 카드도 신청하고 싶은데요, 오늘 신청하면 언제쯤 받을 수 있을까요?
직원	캐쉬 카드는 일주일 정도 걸립니다. 이쪽에 네 자리 비밀번호를 써 주세요.
나	캐쉬 카드를 받을 때는 여기로 오면 되나요?
직원	등기 우편으로 보내드립니다. 그때에 재류 카드나 여권을 보여 주세요.
나	네, 감사합니다.

 PLUS 표현 🔊 track 068

💬나 　○상대방

1　Ⓐ 学生証をお願いします。

학생증을 부탁합니다(보여 주세요).

　　Ⓑ まだ学校に行く前なので学生証はありません。

아직 학교에 가기 전이라서 학생증은 없습니다.

2　Ⓐ カードと通帳はいつごろもらえますか。

카드와 통장은 언제쯤 받을 수 있나요?

　　Ⓑ 通帳は今、お渡しします。
　　　カードは1週間から10日ぐらいかかります。

통장은 지금 드리겠습니다. 카드는 일주일에서 열흘 정도 걸립니다.

3　Ⓐ デビットカードも作れますか。

데빗 카드(직불 카드)도 만들 수 있나요?

　　Ⓑ はい。デビットカードとして申し込めば
　　　いいですが、3〜4週ぐらいかかります。

네. 데빗 카드로 신청하시면 되는데, 3〜4주 정도 걸립니다.

---

4 (A) 公共料金の自動引き落としはどうすればいいですか。

공공요금 자동 이체는 어떻게 하면 되나요?

(B) 電気やガス会社のホームページから申し込めます。

전기나 가스 회사의 홈페이지에서 신청할 수 있습니다.

5 (A) キャッシュカードを無くした時はどうすればいいですか。

캐쉬 카드를 분실했을 때는 어떻게 하면 되나요?

(B) まず、カード紛失センターに電話するか、窓口に行ってください。

먼저 카드 분실 센터에 전화하거나 창구로 가세요.

(A) すぐ、新しいカードがもらえますか。

바로 새 카드를 받을 수 있나요?

(B) いいえ、1週間ぐらいかかります。
手数料も必要ですよ。

아니요, 일주일 정도 걸립니다. 수수료도 필요합니다.

CHECK

デビットカード debit card, 직불 카드(가게에서 결제할 때, 통장 한도 내에서 대금 결제가 가능한 카드)

公共料金 공공 요금(전기세, 가스비 등과 같은 공과금)　　自動引き落とし 자동 이체

無くす 잃다, 분실하다

 알면 도움이되는 토막 지식

일본에서 통장 개설하기

체류 기간이 얼마 되지 않은 외국인의 경우, 일본의 은행에서 통장을 새로 개설하기는 매우 까다롭습니다. 체류 기간 6개월 미만자는 '비거주자'로 간주되어 〈외국환 및 외국 무역법〉에 따라 계좌 개설 및 은행 서비스 이용 등에 제약이 따르기 때문입니다.

다만, 우리나라의 우체국 은행과 유사한 '유초 은행 ゆうちょ銀行'은 비교적 난이도가 낮은 편입니다. 요즘에는 재류 카드만 있으면 핸드폰 어플로도 계좌 개설이 가능합니다.

어플로 신청하는 방법

1 유초 은행 계좌 개설 어플 다운받기
2 계좌 개설 신청하기

어플을 실행하면 국가 설정에 따라서 '해당 국가에서는 사용할 수 없다'는 메시지가 뜰 수 있습니다. 그럴 경우에는 구글(이메일 계정) ID를 일본 국가로 설정해서 새로 만들면 해결되니 참고하시기 바랍니다. 어플에서 계좌 개설 신청하기까지 약 20분 정도 소요됩니다. 직접 은행을 방문하기 어려우신 분들은 한번 시도해 보시기 바랍니다.

은행을 방문해서 신청하는 방법

어플에서 해결이 어려우셨다면 직접 은행에 가셔야겠죠? 예약 없이 가면 상담이 어려울 수 있으니 인터넷에서 예약을 하고 방문하시는 게 좋으며, 일본 거주지에서 가장 가까운 지점을 방문하시는 게 좋습니다.

● **유초 은행 방문 예약하기**
www.jp-bank.japanpost.jp
1 상담 · 내점 예약 접수하기
2 상담 내용 및 지점 선택하기
3 상담 가능 날짜와 시간 선택하기

은행 방문 시 준비물

자신의 신분을 보증할 수 있는 증명서와 재류 카드, 그리고 도장이 필요합니다. 지점마다 사인으로 대신하는 곳도 있지만, 만일을 위해 도장을 지참하시는 게 좋습니다. 지점이나 은행에 따라 외국인의 계좌 개설 시 반드시 도장을 요구하는 경우도 있기 때문입니다.

학생이라면 학생증을 꼭 챙기시고, 취업 비자로 오신 분이라면 회사 주소와 회사 전화번호를 사전에 꼭 확인하시기 바랍니다.

특히 워킹 홀리데이의 경우, 신분이 불분명하다고 여겨지기 때문에 일본 현지에서 연락 가능한 긴급 연락처를 요구하는 경우가 있습니다. 그래서 신분 확인을 보다 확실하게 하기 위해 국민 건강 보험증과 주민표도 함께 지참하여 방문하시는 것이 좋습니다.

SCENE 5

인터넷
신청하기

インターネットの申込

음성 듣기

해외여행을 하면, 한국이 인터넷 속도가 매우 빠른 나라라는 것을
체감하게 됩니다. 초고속 인터넷 속도에 적응되어 있기 때문에
조금만 느려도 불편하게 느껴집니다. 지금부터 일본에서의
인터넷 서비스 신청·설치 과정을 대화를 통해 살펴봅시다.

1 휴대폰 매장에서 인터넷 상품 문의 track 069

나 すみません。

これからインターネットを使いたいんですけど、

インターネットとケータイのセットプランも

ありますか。

직원 もちろん、ございます。

こちらが電話プラス(＋)インターネットプランです。

 CHECK

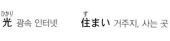 光 광속 인터넷　　住まい 거주지, 사는 곳

나 やっぱりネットが早い、「光」にしたいんですが。

직원 お住まいの地域によってはケーブル工事が

できないこともあります。

住所はどちらでしょうか。

나 (재류 카드를 보여주며) こちらです。

직원 ああ、ここなら大丈夫ですね。

나	실례합니다. 앞으로 인터넷을 사용하고 싶은데요.
	인터넷과 휴대폰 세트 플랜(결합 상품)도 있나요?
직원	물론 있습니다. 이것이 전화＋인터넷 플랜입니다.
나	역시 인터넷이 빠른 히카리(光)로 하고 싶은데요.
직원	거주하시는 지역에 따라서는 케이블 공사가 되지 않는
	곳도 있습니다. 주소는 어떻게 되시죠?
나	여기입니다.
직원	아, 여기라면 문제 없네요.

2 가입 이벤트 문의하기 track 070

직원 今インターネットを始めると、

3万円キャッシュバックのキャンペーンを

やっていますよ。

나 へえ、いつ頃返ってくるんですか。

직원 お客様の口座に、次の月の15日までに

キャッシュバックされます。

나 そうですか。じゃ、そのためにしなくちゃならない

ことってありますか。

CHECK

キャッシュバック 캐시백(현금 환원)   ~でき次第 ~되는 대로

직원　ご自宅に確認用の郵便物が送られますので、

そこに口座情報を記入して返送してください。

確認ができ次第、すぐに送金手続きに入ります。

나　わかりました。じゃ、よろしくお願いします。

직원	지금 인터넷 서비스를 신청하면, 3만 엔을 돌려 드리는 캠페인을 하고 있습니다.
나	오~ 언제쯤 입금해 주시나요?
직원	고객님 계좌로 다음 달 15일까지 입금됩니다.
나	아, 그렇군요. 그럼 제가 따로 해야할 건 없나요?
직원	자택으로 확인용 우편물이 발송될 테니, 거기에 계좌 정보를 기입해서 반송해 주세요.
	확인되는 대로 바로 송금 처리에 들어가겠습니다.
나	알겠습니다. 그럼 잘 부탁드리겠습니다.

3 설치 예약하기 track 071

(직원) インターネットの設置に担当者がまいります。
訪問はいつがよろしいですか。

(나) 来週の週末なら、何時でも大丈夫です。

(직원) それでは来週の土曜日、午後3時でよろしいですか。
時間は30分ほどかかると思います。

(나) はい、それではよろしくお願いします。

직원	인터넷을 설치하러 담당자가 방문드리겠습니다.
	방문은 언제가 괜찮으신가요?
나	다음 주 주말이라면 언제든지 괜찮습니다.
직원	그러시면 다음 주 토요일 오후 3시로 괜찮으세요?
	시간은 30분 정도 걸릴 것 같습니다.
나	네, 그럼 잘 부탁드리겠습니다.

---

4 설치하기 🔊 track 072

설치 기사 失礼します。インターネットの線が入ってくるのは

どこかわかりますか。

나 ここですね。

설치 기사 では今から工事を始めます。ルーターの設置まで

だいたい30分ぐらいかかると思います。

나 もし、いつか解約する時は、そのルーターは

どうすればいいですか。

설치 기사 解約の連絡をなされば、宅配用のボックスを送ります

から、その中にルーターを入れて返送してくだされば

いいです。

설치 기사	실례합니다. 인터넷 선이 들어오는 곳은 어디인가요?
나	이쪽입니다.
설치 기사	그럼 지금부터 공사를 시작하겠습니다. 공유기 설치까지 대략 30분 정도 소요됩니다.
나	혹시 언젠가 해지할 때는 그 공유기는 어떻게 하면 되요?
설치 기사	해지 연락을 주시면, (저희 쪽에서) 택배 박스를 보내드 릴 테니 그 안에 공유기를 넣어서 반송해 주시면 됩니다.

CHECK

ルーター 라우터, 공유기

PLUS 표현 🔊 track 073

🔳 나　◯ 상대방

1　Ⓐ もし工事の時間に外出しなくてはならなくなったら、
どうしたらいいですか。

혹시 설치하러 오실 때 외출해야 한다면 어떻게 하나요?

Ⓑ こちらの番号に前もって連絡してください
ますか。

이쪽 번호로 미리 연락해 주시겠습니까?

2　Ⓐ ネットの速度はこれがいちばん速いですか。

인터넷 속도는 이게 가장 빠른가요?

Ⓑ ええ、私どもの提供するサービスの中では、
「光」が一番速いですね。

네, 저희가 제공하는 서비스 중에서는 '히카리'가 가장 빠릅니다.

CHECK　私ども 저희, 저희들

3　Ⓐ インターネットの工事って、本当にどこかに穴を
　　 開けたりするんですか。

인터넷 공사라는 게 진짜 어딘가에 구멍을 내거나 하는 건가요?

　　Ⓑ この住宅は「ひかりコンセント」があるから
　　 ルーターにつなぐだけです。

이 주택은 '히카리 콘센트'가 있어서 공유기에 연결하기만 하면 됩니다.

　　 でも日本ではインターネットの設置のことを
　　 普通、「工事」と言いますね。

근데, 일본에서는 인터넷 설치하는 것을 보통 '공사'라고 표현해요.

4　Ⓐ 工事費は今、支払うんですか。

공사비는 지금 지불하는 건가요?

　　Ⓑ いいえ、第1回の通信費のお支払いの時に
　　 一緒に引き落としになります。

아니요, 제일 처음 통신비 지불 시에 함께 계좌 이체됩니다.

5　Ⓐ 契約期間が終わったら、どうなりますか。

계약 기간이 끝나면 어떻게 되나요?

　　Ⓑ 特にご連絡がなければ、自動延長になります。

따로 연락이 없으면 자동 연장됩니다.

● 나　○ 상대방

6　Ⓐ　Wi-Fiのパスワードは、どこにありますか。

와이파이 비밀번호는 어디에 있나요?

Ⓑ　この下の方を見れば、パスワードとQRコードが
あります。

여기 밑 쪽을 보시면 비밀번호와 QR코드가 있습니다.

7　Ⓐ　デスクトップパソコンでネットがつながら
ないんですけど……。

데스크탑에서 인터넷이 안 잡히는데요?

Ⓑ　デスクトップの場合は、別途にWi-Fi 受信機か
LANケーブルに接続しなければなりません。

데스크탑은 따로 와이파이 수신기 혹은 랜선으로 연결해야 합니다.

8　Ⓐ　これ、召し上がってください。
暑い中作業するのは大変ですね。

이거 드세요. 더우신데 작업하시느라 힘드시죠?

Ⓑ　いいえ、ありがとうございます。
いただきます。

아닙니다. 감사합니다. 잘 마시겠습니다.

CHECK　召し上がる 드시다 (「食べる 먹다」, 「飲む 마시다」의 높임말)

관련 어휘

컴퓨터

- 설치
  インストール

- 바이러스
  ウィルス

- 종료, 꺼짐
  シャットダウン

- 커서
  カーソル

- 즐겨찾기
  お気に入り

- 덮어쓰기
  上書き

- 복사하여 붙이기 (복붙)
  コピペ

- 이모티콘
  顔文字

- 글자 깨짐
  文字化け

- 댓글
  レス(スレ)

마 메 치 시 키
まめちしき 알면 도움이되는
토막 지식

일본에서 인터넷 사용하기

내가 사는 곳은
어떤 인터넷을?

일본에서는 인터넷이 무료인 집이 간혹 있지만, 인터넷 속도에 제한이 걸려 있어서 한국에서 인터넷을 사용했던 분이라면 대부분 답답함을 느끼게 되실 겁니다. 그래서 별도로 인터넷 회사와 계약해서 설치하시는 분들도 굉장히 많습니다.

한국에서는 자신이 어느 지역에 살고 있든, 어느 유형의 집에 살고 있든 인터넷 설치와 관련

해 차이가 없지만 일본에서는 '어디에, 그리고 어떤 유형의 집에 살고 있느냐'에 따라서 광속 인터넷 「光, ひかり」의 설치 가능 여부가 결정되곤 합니다.

그럼 지역에 따라 광속 인터넷을 이용할 수 없는 이유가 무엇일까요?

예를 들어 인구가 너무 적거나 이용자가 도회지에 비해 현저히 적을 경우, 인터넷 계약을 하는 사람이 별로 없어 통신 회사가 광케이블 설치에 투자하지 않기 때문이라고 합니다.

또한, 광케이블이 지나가는 길에 강이나 국도가 있을 경우, 국가의 허가를 받아야 하는데 허가를 받지 못할 때는 이용을 할 수 없으며, 낡은 집합 주택과 같은 경우에는 케이블의 연결 포트가 가득 차서 더 이상 다른 배선이 들어가지 못할 경우도 있기 때문입니다.

자신이 살고 있는 거주지에 인터넷을 설치할 수 있는지의 여부를 간단하게 확인할 수 있는 방법을 소개해 드리겠습니다. 인터넷 회사 사이트에 들어가서 자신이 살고 있는 주소 및 건물명을 입력하면 설치 가능 여부가 바로 확인됩니다.

적용 범위를 비교해 보면, 가장 많이 사용할 수 있는 통신 회사는 NTT계열의 도코모와 NTT의 광케이블을 빌려 쓰는 소프트뱅크, 라쿠텐, 빅로브 등입니다.

이에 비해 NURO, au, eo 등은 요금은 저렴한 편이지만 이용할 수 없는 지역도 있기 때문에 인터넷 상품에 가입하기 전에 자신이 사는 지역과 혹시 다음에 이사를 가서도 이용할 수 있는지 미리 확인해 보시는 것도 좋습니다.

특정 회사에서 설치가 안 된다고 다른 회사도 안 되는 것은 아니므로 사용하고 싶은 회사부터 확인해 보시기 바랍니다.

또한, 핸드폰 통신사의 결합 상품에 가입하는 것이 비용면에서 유리할 수도 있으니 관련해서 미리 확인해 보시는 게 좋습니다.

대표적인 인터넷 통신사

- フレッツ光
- NTT ドコモ
- Softbank光
- 楽天ひかり
- NURO光 (규슈는 일부 지역에서만 이용 가능)
- auひかり (도카이, 간사이는 이용 불가능)

NURO 光 사이트

SCENE 6

아르바이트 면접 보기

アルバイトの面接

음성 듣기

정착을 위한 준비가 끝났다면 슬슬 아르바이트도 구해야겠죠?
지원하는 직종마다 다양한 질문과 답변이 오고 가겠지만,
기본적인 내용은 크게 다르지 않습니다.
면접에서 어떤 대화를 주고받는지 간단히 살펴봅시다.

1 면접 1 🔊 track 075

나 こんにちは。

今日面接をお願いしたキム・ヒョンシクです。

담당자 こんにちは。日本語はどのぐらいできますか。

나 日本に来てからあまり経っていないので

ペラペラじゃありませんけど、

一所懸命勉強して迷惑にならないよう、頑張ります。

담당자 家からお店までどのぐらいかかりますか。

交通費は1か月1万円まで出しますよ。

나 電車で3駅ですから、十分です。

CHECK

面接 면접　　　ペラペラ 술술. 유창함　　　シフト制 시프트제(교대 근무제)

担当者｜この居酒屋のバイトはシフト制なんですよ。

だから３週間前に自分が出たい日と、

時間帯を店長にラインで送ってください。

나｜はい。ありがとうございます。

頑張ります。

나　　　안녕하세요. 오늘 면접을 보기로 한 김형식입니다.

담당자　안녕하세요. 일본어는 어느 정도 할 수 있나요?

나　　　일본에 온 지 얼마 되지 않아서 유창하지는 않지만,
　　　　열심히 공부해서 폐가 되지 않도록 분발하겠습니다.

담당자　집에서 가게까지 어느 정도 걸리나요?
　　　　교통비는 한 달에 만 엔까지 지원해 드리고 있습니다.

나　　　전철로 세 정거장이니까 충분합니다.

담당자　저희 이자카야 아르바이트는 시프트제입니다.
　　　　그러니까 3주 전에 본인이 나오고 싶은 날과
　　　　시간대를 점장님에게 라인(LINE)으로 보내 주세요.

나　　　네, 감사합니다. 열심히 하겠습니다.

2 면접 2 🔊 track 076

나 面接をお願いしましたキム・ヒョンシクです。

どうぞよろしくお願いいたします。

담당자 キムさんですね。

キムさんは 1 週間に何日できますか。

나 3 回か 4 回ぐらいできます。

담당자 週末は大丈夫ですか。

土日がやっぱり忙しいから、来てくれれば

嬉しいんだけど。

〰️
CHECK

ユニフォーム 유니폼

나　はい。1か月に1回は週末に休めれば、
あとはいつでも大丈夫です。

担当者　じゃあ、今週からお願いしますよ。
ユニフォームのサイズは、Lでいいかな？

나　たぶん、大丈夫だと思います。

나	면접을 보기로 한 김형식입니다. 잘 부탁드리겠습니다.
담당자	김형식 씨군요. 김형식 씨는 1주일에 며칠 가능한가요?
나	3회(3일) 또는 4회(4일) 정도 가능합니다.
담당자	주말은 괜찮나요? 토요일, 일요일이 역시 바쁘기 때문에 와 주면 좋겠는데.
나	네, 한 달에 한 번은 주말에 쉴 수 있으면, 나머지는 언제든지 괜찮습니다.
담당자	그럼 이번 주부터 부탁드릴게요. 유니폼은 L사이즈로 괜찮을까요?
나	아마 괜찮을 겁니다.

✚ PLUS 표현 🔊 track 077

🗨나　○상대방

---

1 Ⓐ すみません。募集のチラシを見てきたんですが……。

실례합니다. 모집 전단지를 보고 왔는데요…….

Ⓑ 担当者を呼んできますから、ここで少々お待ち
ください。

담당자를 불러 올 테니 여기서 잠시만 기다려 주세요.

---

2 Ⓐ 求人広告を見たんですが、外国人でも大丈夫ですか。

구인 광고를 봤는데요, 외국인이라도 괜찮습니까?

Ⓑ 日本語がある程度できれば、いいですよ。

일본어를 어느 정도 할 수 있다면 괜찮습니다.

---

3 Ⓐ 履歴書と在留カードを見せてください。

이력서와 재류 카드를 보여 주세요.

Ⓑ はい、こちらです。

네, 여기 있습니다.

CHECK　募集 모집　　求人広告 구인 광고　　履歴書 이력서　　身長 신장, 키

4　Ⓐ 給料は銀行振込になるんだけど、口座はありますか。

급여는 은행 계좌 이체되는데, 계좌는 있나요?

Ⓑ あ、今口座番号はわかりませんが、
あとでラインで送ってもいいですか。

아, 지금 계좌 번호는 모르는데, 나중에 라인(LINE)으로 보내 드려도 될까요?

Ⓐ ええ、今度来るときでもいいですよ。

네, 다음에 올 때 알려 주셔도 괜찮습니다.

5　Ⓐ ユニフォームを着てもらうから、服のサイズを
教えてください。

유니폼을 입어 주셔야 하니까 옷의 사이즈를 알려 주세요.

Ⓑ あ、身長が179だから、Lだと思います。

아, 키가 179니까 L사이즈입니다.

■ 나　○ 상대방

6 Ⓐ あの、勤務中に食事休憩はありますか。

저, 근무 중에 식사 휴식 시간은 있나요?

Ⓑ 5時間以上のときは45分休憩です。

5시간 이상일 때는 45분 휴식입니다.

---

7 Ⓐ こちらでは、交通費は出るんでしょうか。

여기서는 교통비는 나오나요?

Ⓑ 家からここまで定期券を買ってその領収書を見せてくれれば支払います。

집에서 알바처까지 정기권을 구입하고 그 영수증을 보여 주시면 정산해 드리겠습니다.

---

8 Ⓐ キムさん、悪いけど、今度の土日出てくれないかな。伊藤くんが急に休むことになって……。

형식 씨, 미안하지만 이번 주 토요일과 일요일 나와 줄 수 없을까?

이토 군이 갑자기 쉬게 되어서…….

Ⓑ はい。今週は大丈夫です。

네, 이번 주는 괜찮습니다.

CHECK　休憩 휴게, 휴식　往復 왕복　電車賃 전철비, 전철 요금

9 Ⓐ あの、8月に国に帰ることになったんですけど、
20日まで休めないでしょうか。

저, 8월에 한국에 가게 되었는데 20일까지 쉴 수 없을까요?

Ⓑ ああ、そう？
じゃ、ちょっと、他の人と調整してみるよ。

아, 그래? 그럼 좀 다른 사람과 조정해 볼게.

10 A1 キムさん、こちらが先輩のゆうだいくん。
仕事のことを教えてもらってください。

형식 씨, 이쪽이 선배인 유다이 군이에요. 일에 관해 알려 달라고 하세요(배우세요).

Ⓑ キム・ヒョンシクです。
どうぞよろしくお願いします。

김형식입니다. 아무쪼록 잘 부탁드립니다.

A2 こちらこそ。
じゃ、こちらに来てください。

저야말로 잘 부탁드려요. 자, 이쪽으로 오세요.

CHECK　国 나라, 고국, 고향

마 메 치 시 키
まめちしき 알면 도움이되는
토막 지식

일본에서 아르바이트 하기 Ⅰ

아르바이트 구하기

일본도 한국과 마찬가지로 '알바 찾기 어플'을 많이 이용합니다. 대표적인 어플로는 '타운워크 タウンワーク', '바이토루 バイトル', '마이나비 바이토 マイナビバイト'가 있습니다.

어플을 통해 찾지 않아도 아르바이트를 구할 수 있는 방법이 있습니다. 거리를 걷다 보면 가게 문 앞에 '아르바이트 모집 중 バイト募集中'이라고 써 있는 포스터가 붙어 있는 것을 심심치 않게 볼 수 있습니다. 마음에 드는 가게가 있다면 들어가서 한번 물어보는 것도 좋겠죠?

혹시 아르바이트를 하면서 일본어 실력도 함께 키우고 싶으시다면, '도쿄의 신오쿠보 新大久保'나 '오사카의 쓰루하시 鶴橋'와 같은 한인 타운 지역보다는 일본인이 많은 곳으로 아르바이트를 찾으시는 것이 좋습니다.

2○○○年 10月　スタッフシフト表　　■-10:00~17:00　□-17:00~24:00

氏名	1	2	3	4	5	6	7	8	9	10	11	12	13	14	15	16	17	18	19	20	21	22	23	24	25	26	27	28	29	30	31
橋本	○	○	○	○	○						○	○			○	○	○	○					○	○				○	○	○	
							○	○												○	○	○									
永井			○	○					○							○	○														○
キム								○	○	○											○	○	○								
	○	○	○	○	○						○	○			○	○	○	○	○							○	○				
ケント						○	○					○	○							○	○					○	○				
							○	○					○	○						○	○										
パク			○													○															
			○	○				○	○			○	○	○					○	○			○	○	○	○	○			○	

시프트 표

일본 아르바이트의 특징

● 시프트 제도 シフト制

근무 가능한 요일, 시간대 등을 일정 기간 전에 제출하여, 서로 교대로 근무하는 근로 시스템으로, 주로 음식점이나 편의점 등과 같이 영업 시간이 긴 직장에서 실시하는 제도입니다. 한국에서는 대부분 '평일 아르바이트'나 '주말 아르바이트' 식으로 하여 근무 요일을 정해 놓고 일을 하는 경우가 많지만 일본은 2주에서 한 달 전에 미리 자신이 근무 가능한 날짜를 점장님이나 사장님에게 전달하여 스케줄을 조율하는 방식을 취하는 곳이 많습니다. 언뜻 들으면 근로자에게 좋은 시스템처럼 들릴 수 있으나 꼭 그렇지도 않습니다. 희망하는 날짜에 무조건 일할 수 있는 것도 아니며, 근무일이 며칠 제외되리라 예상하고 '대부분 근무 가능하다'라고 제출하면, 해당 날짜에 모두 출근해야 될 경우도 있기 때문입니다.

● 이력서 履歴書

일본에서는 아르바이트를 구할 때도 이력서를 제출해야 할 경우가 많습니다. 이력서 양식은 크게 정해져 있지 않고 문구점이나 편의점에서 파는 사진 부착이 가능한 이력서 양식이면 충분합니다.

● 교통비 交通費

일본은 교통비가 비싼 편이어서 교통비를 지급해 주는 곳이 많습니다. 보통 '한 달에 얼마까지'라는 식으로 한도를 정해 두거나 교통 정기권을 구매한 뒤 영수증을 증빙으로 제출하는 경우가 있습니다.

● 마카나이 賄い

'마카나이'란, 음식점에서 종업원의 식사를 위해, 있는 재료로 만든 요리'라는 의미입니다. 한국에서도 음식을 파는 곳이라면 아르바이트 직원의 식사를 챙겨 주는 곳이 간혹 있는데, 일본에서는 좀 더 보편적입니다. 물론 가게마다 다르겠지만, 가게의 피크 타임 전후로 마카나이 시간이 있으며, 대부분 손님들의 눈에 잘 띄지 않는 공간에 자리를 마련하여 삼삼오오 순서대로 식사를 하는 경우가 많습니다. 고물가 시대에 한 끼 식비를 절약할 수 있다는 것만으로도 매력적이지 않나요? 일본에서는 '여기 알바 마카나이가 진짜 맛있어서 못 그만두겠어'라는 말이 나올 정도입니다.

SCENE 7

아르바이트 하기

アルバイト

음성 듣기

면접에 합격해 기뻐했던 것도 잠시!
막상 일을 시작하려니 막막하시죠?
이번에는 워홀러들이 많이 일하는 대표적인 업종
몇 가지를 뽑아 대화 내용을 소개하겠습니다.
손님 · 동료와 어떤 대화를 나누는지 간단히 살펴봅시다.

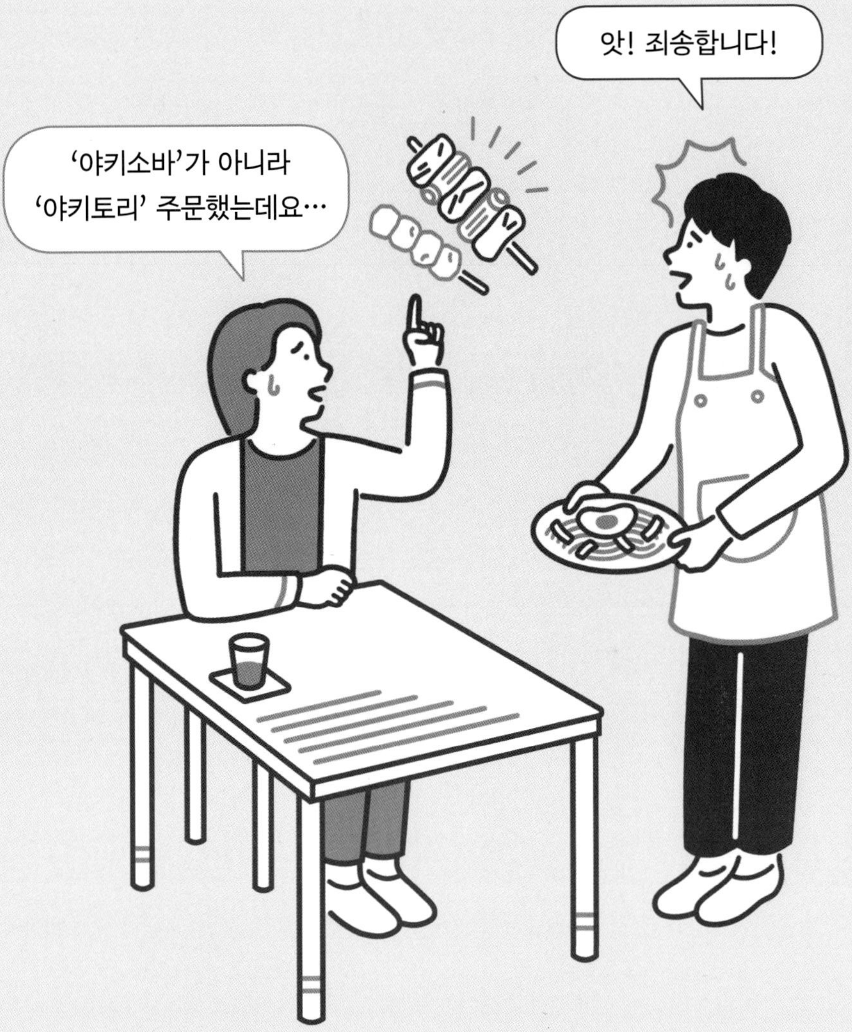
앗! 죄송합니다!
'야키소바'가 아니라
'야키토리' 주문했는데요…

식당

1 🔊 track 078

나 いらっしゃいませ。何名様_{なんめいさま}でしょうか。

손님 2人_{ふたり}です。

나 こちらへどうぞ。

(자리 안내 후) 失礼_{しつれい}します。こちらメニューです。

メニューお決_きまりでしたらお呼_よびください。

손님 はい。

나   어서 오세요. 몇 분이신가요?

손님   2명이에요.

나   이쪽으로 앉으세요.
       실례하겠습니다. 여기 메뉴입니다.
       메뉴 정하시면 불러 주세요.

손님   네.

식당

2 주문 받기 🔊 track 079

나 ご注文お決まりですか。

손님 ちらし寿司一つとお魚のランチ一つ、お願いします。

나 かしこまりました。お飲み物はいかがなさいますか。

손님 飲み物は大丈夫です。

나 かしこまりました。

ちらし寿司一つとお魚のランチ一つで。

ご注文は以上でよろしいでしょうか。

손님 はい。

나 少々お待ちください。

나　　메뉴 정하셨나요?

손님　지라시즈시 하나랑 생선 런치 하나 주세요.

나　　알겠습니다. 음료는 어떻게 하시겠습니까?

손님　음료는 괜찮아요.

나　　알겠습니다. 지라시즈시 하나와 생선 정식 하나시죠. 더 주문하실 것은 없으신가요?

손님　네.

나　　잠시만 기다려 주세요.

식당

3 음식 내기 track 080

나 お待たせいたしました。

こちら、ちらし寿司とお魚のランチです。

손님 わ～ おいしそう。

나 では、ごゆっくりどうぞ。

나	오래 기다리셨습니다.
	여기 지라시즈시와 생선 런치입니다.
손님	와~ 맛있겠다.
나	그럼 맛있게 드세요.

CHECK

待たせる 기다리게 하다

ゆっくり 천천히, 느긋하게

식당

4 **계산하기** 🔊 track 081

(손님) お会計お願いします。
^{かいけい ねが}

(나) お会計、2,500円になります。
^{かいけい えん}

(손님) クレジットカードで。

(나) はい。ありがとうございます。

(計算後) レシートは…

(손님) レシートはいいです。どうも、ごちそうさまでした。

(나) ありがとうございました。

またお越しくださいませ。
^こ

손님	계산 부탁합니다.
나	모두 2,500엔입니다.
손님	카드로 계산해 주세요.
나	네, 감사합니다. 영수증은…
손님	영수증은 됐어요. 잘 먹었습니다.
나	감사합니다. 또 오세요.

CHECK

会計 회계, 계산
^{かいけい}

お越しください 오세요
^こ

식당

5 동료와의 대화 1

🔊 track 082

나 何時に出勤すればいいですか。

점장 開店が11時だから10時に来て準備を手伝ってください。

나 どんな準備をするんでしょうか。

점장 まず、掃除をしてください。
店の中のいすやテーブル。
床やお店の外もきれいにします。

나 몇 시에 출근하면 되나요?

점장 오픈이 11시니까 10시에 와서 준비를 도와 주세요.

나 어떤 준비를 하나요?

점장 우선, 청소를 해 주세요.
가게 안의 의자나 테이블.
바닥이나 가게 밖에도 깨끗하게 해 주세요.

CHECK

手伝う 돕다

식당

6 동료와의 대화 2 track 083

(점장) お疲れ様。もう少しで終わりです。

(나) このゴミはどこに捨てればいいですか。

(점장) 決まった袋に入れてお店の前に出せば、
明日の朝早く持っていきます。

(나) わかりました。

점장	수고 많아요. 조금 있으면 끝납니다.
나	이 쓰레기는 어디에 버리면 되나요?
점장	규격 봉투에 넣어서 가게 앞에 내놓으면 내일 아침 일찍 가지고 갑니다.
나	알겠습니다.

CHECK

終わり 끝, 마지막
捨てる 버리다

편의점

1 계산하기 🔊 track 084

나 次の方、こちらへどうぞ。

レジ袋ご利用ですか。

손님 お願いします。

[大丈夫です。]

나 (계산한 후) 合計、3,500円でございます。

손님 すみません、1万円でお願いします。

나 1万円お預かりいたします。

6,500円のお返しと、レシートでございます。

나 　다음 분, 이쪽으로 오세요.
　　봉투 필요하신가요?

손님　부탁드립니다.
　　[괜찮습니다.]

나 　모두 3,500엔입니다.

손님　죄송한데, 만 엔으로 계산 부탁드려요.

나 　만 엔 받았습니다.
　　6,500엔 거스름돈과 영수증입니다.

CHECK

レジ袋 계산대에서 물건을
담아 주는 비닐봉지

편의점

2 기타 서비스 ◀€ track 085

나 お弁当、温めますか。

손님 はい、お願いします。

[大丈夫です。]

나 お箸は一つでよろしいですか。

손님 はい。

나 袋はお分けしますか。

손님 あ、全部一緒でいいです。

나	도시락 데워 드릴까요?
손님	네, 부탁합니다.
	[괜찮습니다.]
나	젓가락은 하나면 될까요?
손님	네.
나	봉투는 나눠서 담아 드릴까요?
손님	아, 전부 같이 넣어 주세요.

CHECK

箸 젓가락

分ける 나누다

편의점

3 동료와의 대화 1 🔊 track 086

(점장) はじめは商品がどこにあるか、よく覚えてください。

お客さんがいない時に店の中を回って覚えれば、

3日くらいでできますよ。

(나) お客さんに聞かれても答えられるように

頑張ります。

(점장) また、弁当やパン、ケーキなどは販売期限があるから、

販売期限が過ぎた商品は棚からおろします。

(나) はい、わかりました。

점장　처음에는 상품이 어디에 있는지 잘 기억해 주세요.
　　　손님이 없을 때 매장 안을 돌면서 외우면
　　　3일 정도면 외울 수 있어요.

나　　손님이 물어보셔도 대답할 수 있도록
　　　열심히 하겠습니다.

점장　또, 도시락이나 빵, 케이크 등은 판매 기간이 있으니까
　　　판매 기간이 지난 상품은 선반에서 내려 주세요.

나　　네, 알겠습니다.

⌒
CHECK

覚える 기억하다, 외우다

回る 돌다

答える 대답하다

過ぎる 지나다

おろす 내리다

편의점

4 동료와의 대화 2 track 087

나 商品をのせたトラックは毎日来ますか。

점장 毎日朝6時と夜6時に来ます。

나 その時は商品を確認するんですね。

점장 商品を確認してから伝票にサインをして渡します。

나	상품을 실은 트럭은 매일 오나요?
점장	매일 아침 6시와 저녁 6시에 와요.
나	그때는 상품을 확인하는군요.
점장	상품을 확인하고 나서 전표에 사인을 하고 건넵니다.

CHECK

のせる 싣다, 얹다
渡す 건네다

이자카야

1 | 만석 안내 | 🔊 track
088

나 いらっしゃいませ。何名様ですか。

손님 4人です。

나 今、満席で少々お待ちいただきますが、

よろしいでしょうか。

손님 どのぐらい待ちますか。

나 30分くらいかかるかと思います。

손님 あ、じゃあ、待ちます。

나　　어서 오세요. 몇 분이신가요?
손님　네 명입니다.
나　　지금 만석이라서 조금 기다리셔야 하는데 괜찮으신가요?
손님　얼마나 기다려야 하나요?
나　　30분 정도 걸릴 것 같습니다.
손님　아. 그럼 기다리겠습니다.

---

2 이자카야
주문 받기 🔊 track 089

나 お待たせしました。

ご注文の生３つとウーロンハイ１つです。

손님 ありがとう。料理も注文しますね。

나 はい。少々お待ちください。（핸디를 꺼내며）ご注文 承 ります。

손님 枝豆と唐揚げ、馬刺しとモツ鍋2人前、

お願いします。

나 大変申し訳ありませんが、

ただいま馬刺しは品切れになっております。

손님 そうですか。じゃ、とりあえずそれ以外のもの、

先にお願いします。

나 오래 기다리셨습니다.
주문하신 생맥주 세 잔과 우롱하이 한 잔입니다.

손님 감사해요. 음식도 주문할게요.

나 네, 잠시만요. 주문받겠습니다.

손님 에다마메랑 가라아게, 바사시 그리고 모츠나베 2인분 주세요.

나 정말 죄송합니다만, 지금 바사시가 떨어졌습니다.

손님 아 그래요? 그러면 일단 나머지만 먼저 주세요.

CHECK

承る 받다

枝豆 (삶은) 풋콩

唐揚げ 닭튀김

馬刺し 말고기 회

もつ鍋 내장 전골

이자카야

3 세팅하기 track 090

나 失礼します。先にコンロをおかせていただきます。

(세팅이 끝난 후) 空いたグラスはお下げしましょうか。

손님 はい、お願いします。

ひょっとしてチャーハンはできますか。

나 少しお時間がかかりますが、よろしいでしょうか。

손님 どのぐらいかかります？

나 20分ぐらいかかると思います。

손님 あ、じゃあ、お願いします。

나	실례하겠습니다. 먼저 가스버너를 놓아 드리겠습니다. 빈 잔은 치워 드릴까요?
손님	네, 부탁합니다. 혹시 볶음밥은 가능한가요?
나	조금 시간이 걸리는데 괜찮으신가요?
손님	얼마나 걸리죠?
나	20분 정도 걸릴 것 같습니다.
손님	아, 그럼 부탁해요.

CHECK

下げる 물리다, 치우다

チャーハン 볶음밥

이자카야

4 라스트 오더 받기 🔊 track 091

나 飲み放題はラストオーダーの時間になります。

손님 あ、じゃ、レモンサワー4つ、お願いします。

つまみの方はまだ注文できますか。

나 はい、大丈夫です。

나 노미호다이는 라스트 오더 시간입니다.

손님 아, 그럼 레몬사와 네 잔 부탁해요.
안주는 아직 주문할 수 있나요?

나 네, 가능합니다.

CHECK

飲み放題
음료 무한 리필

ラストオーダー
라스트 오더, 마지막 주문

이자카야

5 주문 실수에 대한 대응

 track 092

나 お待たせしました。

ご注文の焼きそば、お持ちしました。

손님 え？ここは焼きそばじゃなくて、

焼きとりを頼んだんだけど……。

나 本当に申し訳ございません。

すぐ厨房で確認してお持ちします。

손님 いいですよ。気にしないで。

나 오래 기다리셨습니다.
주문하신 야키소바 가져왔습니다.

손님 네? 여기는 야키소바가 아니라 야키토리를 주문했는데요…….

나 정말 죄송합니다.
바로 주방에 확인해서 가져오겠습니다.

손님 아니에요, 괜찮습니다.

CHECK

焼きそば 볶음면

焼きとり 닭꼬치

気にする 신경 쓰다

이자카야

6 계산하기 🔊 track 093

나 お会計、1万3千円になります。

손님 カードでお願いします。

ひょっとして会計を別々にできます？

나 申し訳ございません。ご一緒でお願いいたします。

손님 はい。これで一緒にお願いします。

あと、領収書もお願い。

나 はい。領収書の宛名はどういたしましょうか。

손님 「上様」にしておいてください。

나 모두 만 3천 엔입니다.

손님 카드로 부탁해요. 혹시 계산은 따로따로 해도 되나요?

나 죄송합니다. 같이 계산 부탁드립니다.

손님 네. 이걸로 같이 해 주세요.
그리고 영수증도 부탁해요.

나 네. 영수증의 이름은 뭐라고 적어 드릴까요?

손님 그냥 「上様」로 적어 주세요.

CHECK

宛名 받는 사람 이름

上様 점원이 영수증에
손님 이름 대신 쓰는 말

이자카야

7 영업 시간 안내하기

 track 094

(손님) (밤 10시에) すみません、まだ営業してますか。

3人なんですけど……。

(나) すみませんが、

ラストオーダーが10時30分までなんです。

それでもよろしいですか。

(손님) あ、あと30分でラストオーダー?

じゃ、また今度来ます。ありがとう。

손님 저기요, 아직 영업하나요?
　　　세 명인데요…….
나　　죄송하지만, 라스트 오더가 10시 30분까지입니다.
　　　그래도 괜찮으신가요?
손님 아, 30분 뒤에 라스트 오더?
　　　그럼 다음에 다시 올게요. 감사해요.

이자카야

8 동료와의 대화 1 track 095

（선배） 3番テーブルは飲み放題のラストオーダーの時間です。

ラストオーダーを聞いてきてください。

（나） はい、わかりました。あの、ハンディの使い方が

まだよくわからないんで、この紙にメモをしてきても

いいですか。

（선배） まあ、今日はしょうがないけど、

早くおぼえてもらわなくちゃ。

（나） はい、わかりました。

선배	3번 테이블은 노미 호다이 라스트 오더 시간이에요. 라스트 오더 받아 와 주세요.
나	네, 알겠습니다. 저, 근데, 아직 핸디 사용법을 잘 몰라서 그러는데, 이 종이에 메모해 와도 괜찮을까요?
선배	뭐, 오늘은 할 수 없지만, 빨리 익혀 주셔야 해요.
나	네, 알겠습니다.

CHECK

ハンディ 핸디
(종업원이 가지고 다니
며 손님의 주문 내역을
입력하는 단말기)

이자카야

9 동료와의 대화 2 🔊 track 096

나 店長、明日急用ができて来られなくなったんですが。

점장 どんな用？

나 急に両親が来ることになって

ちょっとバイトは無理みたいです。

점장 それは困るね。

他のアルバイト仲間に代わってくれるよう

頼んでみるとか。

나 わかりました。

ケントに一度聞いてみます。

⌣
CHECK

きゅうよう
急用 급한 볼일

りょうしん
両親 부모님

なかま
仲間 동료

나	점장님, 제가 내일 급한 일이 생겨서 못 올 것 같은데요.
점장	무슨 일인데요?
나	갑자기 부모님이 오시게 돼서 아르바이트는 좀 힘들 것 같습니다.
점장	그건 좀 곤란한데요.
	다른 아르바이트 동료에게 바꿔 달라고 부탁해 보든가 하면 어때요?
나	알겠습니다.
	켄토에게 한번 물어보겠습니다.

PLUS 표현 🔊 track 097

🗨 나 ○ 상대방

---

1 Ⓐ すみません。ちょっと残っちゃったんですけど、
持ち帰りにできますか。

저기요, 좀 남았는데 포장되나요?

🗨 Ⓑ 申し訳ございません。
当店ではお持ち帰りはお断りしています。

죄송합니다. 저희 가게에서는 테이크아웃은 불가능합니다.

---

2 Ⓐ これ、もう食べられますか。

이거, 이제 먹을 수 있나요?

🗨 Ⓑ もう少しして、お鍋がぐつぐつしてきたら
召し上がってください。

조금 있다가 냄비가 보글보글 끓으면 드세요.

---

3 Ⓐ あの、トイレはどちらですか。

저, 화장실은 어느 쪽이에요?

🗨 Ⓑ こちらをまっすぐ行って、
左側をごらんになればございます。

이쪽을 쭉 가셔서 왼쪽을 보시면 있습니다.

---

4 Ⓐ あの、こちらはタバコ吸<small>す</small>えますか。

저, 여기는 담배를 필 수 있나요?

Ⓑ 電子<small>でんし</small>タバコなら大丈夫<small>だいじょうぶ</small>です。

전자 담배라면 괜찮습니다.

---

5 Ⓐ もしもし、10日<small>とおか</small>に予約<small>よやく</small>した山崎<small>やまざき</small>ですが……。
申<small>もう</small>し訳<small>わけ</small>ないんですが、キャンセルしてもらえませんか。

여보세요, 10일에 예약한 야마자키인데요…….
죄송하지만, 취소해 주실 수 있을까요?

Ⓑ かしこまりました。また次<small>つぎ</small>の機会<small>きかい</small>のご利用<small>りよう</small>を
お待<small>ま</small>ちしています。

알겠습니다. 다음 기회에 다시 이용해 주시길 기다리겠습니다.

---

6 Ⓐ これは期限<small>きげん</small>が切<small>き</small>れていますね。

이건 (유통) 기한이 지났네요.

Ⓑ あ、大変申<small>たいへんもう</small>し訳<small>わけ</small>ございません。
新<small>あたら</small>しいのを持<small>も</small>ってきます。

아, 대단히 죄송합니다. 새로운 것을 가지고 오겠습니다.

CHECK

持<small>も</small>ち帰<small>かえ</small>り 테이크아웃(음식을 포장해서 가지고 감)　　断<small>ことわ</small>る 거절(사절)하다
電子<small>でんし</small>タバコ 전자 담배

알면 도움이되는
토막 지식

일본에서
아르바이트 하기 Ⅱ

전화로 하기 힘들 땐
문자로!

아르바이트를 할 때 가장 신경 써야 하는 것은 '연락'과 '보고'입니다. 부득이하게 결근이나 지각을 하게 될 경우에는 반드시 동료나 상사에게 연락을 하도록 합시다.

> 店長、すみません。
> 今、電車が止まっていて遅れそうです。
> 점장님. 죄송합니다. 지금 전철이 멈춰서 늦을 것 같습니다.

既読
8:33

> わかりました。無理しないでいいから
> 何時ごろになるかわかったら、また連絡ください。
> 알겠어요. 무리하지 않아도 되니까 몇 시쯤이 될지 알게 되면 다시 연락 주세요.
> 8:34

> キムです。今駅なんですが、人身事故により、
> 少し遅れるかもしれません。
> 김형식입니다. 지금 역인데요, 인명 사고로 인해서 조금 늦을지도 모르겠습니다.

既読
9:42

> あ、そう？ どのぐらい遅れそう？
> 아, 그래? 어느 정도 늦어질 것 같아?
> 9:43

> まだ、はっきりわからないんですが…
> わかったらすぐメールします。
> 아직 확실히 모르겠지만… 알게 되면 바로 문자 드리겠습니다.

既読
9:45

> オーケー！
> OK!
> 9:45

주의해야 할 복장 및 태도

일본에서 아르바이트를 할 때는 의외로 주의해야 할 것이 많습니다. 회사의 인턴십을 한다는 느낌으로 엄격한 규율을 적용받기도 합니다. 특히 음식점에서는 위생 문제와 관련해 지켜야 할 점이 몇 가지가 있는데, 다른 직종에서도 공통된 부분이 있으니 참고해 보시기 바랍니다.

• 타투

팔이나 목 등 손님에게 보이는 위치에 타투가 있을 경우, 제한을 받을 수 있습니다.

• 향수

강한 향수는 음식의 맛을 떨어뜨린다고 하여 사용을 금지하는 경우가 많습니다.

• 피어싱

점장의 판단에 따라 허용되는 범위가 다르지만, 접객업 중에서는 과도한 피어싱을 제한하는 경우가 있습니다.

• 염색

염색을 완전히 금지하는 곳은 많지 않지만, 과도하게 눈에 띄는 염색은 선호하지 않는 편입니다. 예를 들면, 흑색이나 흑갈색은 허용하지만, 골드나 오렌지, 핑크 같은 화려한 색은 금지하는 식의 규정이 있기도 합니다.

호감을 받지 못하는 행동

1 근무 시간에 휴대폰 쓰기
업무상 연락을 주고받을 필요가 없는 한 휴대폰은 보관함에 넣고 일을 해야 합니다.

2 빈번하게 머리 만지기
불결한 느낌을 주기 때문에 머리를 만지작거리는 습관이 있다면 고치는 게 좋습니다.

3 성의 없이 인사하기
종업원의 인사 태도가 매장 전체의 이미지를 좌우하기도 합니다. 큰 소리로 밝게 인사하는 연습을 하는 것이 좋습니다.

SCENE 8

병원·약국
이용하기

病院・薬局の利用

음성 듣기

외국에서 살면서 가장 힘들 때는 아무래도 몸이 아플 때입니다.
하루라도 빨리 치료 받기 위해서라도
자신의 몸 상태를 일본어로 설명할 수 있어야겠죠?

1 병원 접수처에서

 track 098

(간호사) こんにちは。診察券と保険証、お願いします。

(나) 今日が初めてなんですけど。保険証はこちらです。

(간호사) 保険証はお預かりしますね。

そこに座ってこちらの問診票を書いてください。

(나) すみません。ちょっと意味がわからなくて。

胃がとても痛いんですが、どう書けばいいですか。

(간호사) じゃ、ここに「胃がいたい」って書いてください。

いつからですか。

(나) 昨日の夜からです。

간호사 안녕하세요. 진찰권과 의료 보험증 부탁드립니다.

나　　오늘이 처음인데요. 의료 보험증은 여기 있습니다.

간호사 보험증은 이쪽으로 주세요.
　　　　그쪽에 앉아서 여기 문진표를 작성해 주세요.

나　　죄송한데요. 좀 의미를 몰라서요.
　　　　위가 굉장히 아픈데 어떻게 쓰면 되나요?

간호사 그럼, 여기에 '위가 아프다'라고 적으세요.
　　　　언제부터 아프셨나요?

나　　어젯밤부터요.

CHECK

しんさつけん
診察券 진찰권

もんしんひょう
問診票 문진표

2　진찰실에서 track 099

（의사）　どうしましたか。

（나）　昨日から胃がすごく痛いんです。

（의사）　食事の後からですか。

（나）　寝る前からです。

　　　昨日は痛くて眠れませんでした。

（의사）　レントゲンを撮ってみましょう。

의사	어디가 아프신가요?
나	어제부터 위가 많이 아픕니다.
의사	식사 후부터인가요?
나	자기 전부터예요.
	어제는 아파서 잠을 못 잤습니다.
의사	엑스레이를 찍어 봅시다.

CHECK

レントゲン 엑스레이

撮る 찍다

3 검사실에서 track 100

(의사) はい、ここにあごをつけて、
両手_{りょうて}でここを持_もってください。

(나) こうですか。

(의사) そう、いいですよ。
大_{おお}きく息_{いき}を吸_すって。そのまま息_{いき}を止_とめてください。

(찍고 난 후) はい、終_おわりました。

(나) 診察室_{しんさつしつ}の前_{まえ}で待_まてばいいですか。

(의사) 名前_{なまえ}を呼_よばれるまで待_まっていてください。

의사　네, 여기에 턱을 대고
　　　양손으로 여기를 잡으세요.
나　　이렇게요?
의사　맞아요. 좋습니다. 크게 숨을 들이쉬세요.
　　　그대로 숨을 멈추세요. … 네, 끝났습니다.
나　　진찰실 앞에서 기다리면 되나요?
의사　이름이 불릴 때까지 기다려 주세요.

CHECK

あご 턱
息_{いき}を吸_すう 숨을 들이쉬다
息_{いき}を止_とめる 숨을 멈추다

4 계산하기 🔊 track 101

（간호사） それでは１階の会計窓口でお待ちください。

この番号が出たら支払いを済ませて、

最後に薬局で薬をもらってください。

（나） ありがとうございました。

薬局は病院の中ですか。

（간호사） 外に出るとすぐ右にあります。

どうぞ、お大事に。

간호사　그럼 1층 계산 창구에서 기다려 주세요.
　　　　이 번호가 나오면 결제를 하시고,
　　　　마지막으로 약국에서 약을 받으세요.

나　　　감사합니다. 약국은 병원 안에 있나요?

간호사　밖으로 나가면 바로 오른쪽에 있습니다.
　　　　몸조리 잘 하세요.

CHECK

支払いを済ませる
지불을 마치다

5 약국에서 1 track 102

나 すみません。処方箋をもらってきました。

약사 はい、お作りします。

お薬手帳はお持ちですか。

나 今日、初めてなので持っていません。

약사 じゃあ、こちらをお使いください。

今までに飲んだ薬のことや、

アレルギーがないかを書いてください。

나	실례합니다. 처방전을 받아 왔습니다.
약사	네, 만들어 드릴게요.
	약 수첩은 가지고 계시나요?
나	오늘 처음이라서 가지고 있지 않습니다.
약사	그럼 이쪽을 사용하세요.
	지금까지 드신 약에 대한 것이나
	알레르기가 없는지를 적어 주세요.

CHECK

薬手帳 약 수첩
(진료 기록, 처방 약 등에
대한 정보가 기재된 수첩)

6 약국에서 2

🔊 track 103

(약사) こちらがお薬<ruby>薬<rt>くすり</rt></ruby>です。

青<ruby>青<rt>あお</rt></ruby>い方<ruby>方<rt>ほう</rt></ruby>は一日<ruby>一日<rt>いちにち</rt></ruby>3回<ruby>回<rt>かい</rt></ruby>、食後<ruby>食後<rt>しょくご</rt></ruby>30分<ruby>分<rt>ぷん</rt></ruby>してから飲<ruby>飲<rt>の</rt></ruby>んでください。

(나) 一回<ruby>一回<rt>いっかい</rt></ruby>に一<ruby>一<rt>ひと</rt></ruby>つ飲<ruby>飲<rt>の</rt></ruby>めばいいですか。

(약사) そうです。

こちらの赤<ruby>赤<rt>あか</rt></ruby>い薬<ruby>薬<rt>くすり</rt></ruby>は寝<ruby>寝<rt>ね</rt></ruby>る前<ruby>前<rt>まえ</rt></ruby>に一<ruby>一<rt>ひと</rt></ruby>つ飲<ruby>飲<rt>の</rt></ruby>んでください。

3日分<ruby>日分<rt>っかぶん</rt></ruby>ございます。

약사 이게 약입니다.
　　　파란 쪽은 하루 세 번, 식후 30분 후에 드세요.
나　　한 번에 한 알 먹으면 되나요?
약사 네, 여기 빨간 약은 자기 전에 한 알 드세요.
　　　3일치 있습니다.

CHECK

〜分<ruby>分<rt>ぶん</rt></ruby> 〜분, 〜치

PLUS 표현 🔊 track 104

🗨 나　○ 상대방

1　Ⓐ 昨日から、頭が痛いです。

어제부터 머리가 아픕니다.

Ⓑ 熱をはかってみましょう。
あ、39度もありますね。

열을 재 봅시다. 아, 39도나 되네요.

2　Ⓐ 次の診察は… 来週の水曜日はどうですか。

다음 진료는… 다음 주 수요일은 어떠세요?

Ⓑ 午後３時から５時の間なら大丈夫です。

오후 3시부터 5시 사이라면 괜찮습니다.

3　Ⓐ 検査の前の日の、夜10時からは何も食べないでください。

검사 전날 밤 10시부터는 아무것도 드시지 마세요.

Ⓑ 飲み物はいいですか。

음료는 괜찮나요?

Ⓐ はい、お酒は飲まないでくださいね。

네, 술은 드시지 마세요.

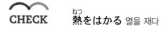

CHECK　熱をはかる 열을 재다

4　**A**　(처방전을 건네며) これ、お願_{ねが}いします。

이거 부탁드립니다.

B　はい、少々_{しょうしょう}お待_まちください。

네, 잠시만 기다려 주세요.

5　**A**　昨日_{きのう}お酒_{さけ}を飲_のみすぎて……。

어제 과음해서…….

B　こちらの胃腸薬_{いちょうやく}をドリンクと一緒_{いっしょ}に
お飲_のみください。

이 위장약을 드링크와 함께 드세요.

관련 어휘

진료 과목

내과 **内科**
ない か

외과 **外科**
げ か

정형외과 **整形外科**
せいけいげ か

산부인과 **産婦人科**
さん ふ じん か

안과 **眼科**
がん か

이비인후과 **耳鼻咽喉科**
じ び いんこう か

피부과 **皮膚科**
ひ ふ か

치과 **歯科**＊
し か

* 회화에서 '치과에 가다'라고 할 때
「歯医者に 行く」라는 표현도 많이 씁니다.
は いしゃ　 い

증상

두통 **頭痛** （ずつう）	복통 **腹痛** （ふくつう）	치통 **歯痛** （しつう）	요통 **腰痛** （ようつう）

열이 있다 **熱が ある** （ねつ）	기침이 나다 **咳が 出る** （せき・で）	재채기를 하다 **くしゃみを する**
오한이 나다 **寒気が する** （さむけ）	구역질이 나다 **吐き気が する** （は・け）	현기증이 나다, 어지럽다 **めまいが する**

약

• 위장약 **胃腸薬** （いちょうやく）	• 안약 **目薬** （めぐすり）
• 설사약 **下痢止め** （げりど）	• 소독약 **消毒薬** （しょうどくやく）
• 진통제 **鎮痛剤、痛み止め** （ちんつうざい・いた・ど）	• 상처 치료제 **きず薬** （ぐすり）
• 소염제 **消炎剤** （しょうえんざい）	• 반창고 **バンドエイド**
• 감기약 **かぜ薬** （ぐすり）	• 파스 **パス**
• 멀미약 **酔い止め** （よ・ど）	• 붕대 **包帯** （ほうたい）

알면 도움이되는
토막 지식

비슷하면서도 다른 일본의 병원 시스템

일본 생활 1년 차, 일본어도 어느 정도 익숙해져 자신 있게 병원에 갔지만, 일본의 병원 시스템이 한국과 달라 당황했던 기억이 있습니다. 여러분들은 그런 경험을 하시지 않도록 간단히 설명해 드리겠습니다.

병원에 가면 병원 접수처에서 '진찰권'과 '의료 보험증'을 요구합니다. 이때, 처음 왔다고 설명하면 우선 의료 보험증만 제출해 달라고 합니다. (119p. 「국민 건강 보험 가입하기」 참고)

이름은 보통 한자로 쓰지만
가타카나로 써도 돼요.

생년월일은
일본식
연호를 지우고
서기(20~년)를
쓰면 돼요.

아픈 부위에
동그라미

기본 질환에
대한 질문이에요.
'네/아니요'에
동그라미 치면
돼요.

전화번호와
주소를 쓰는 칸이
있어요.
주소는 한자로 꼭
메모해 두세요.

현재의 증상을
씁니다.

서명은
가타카나로 쓰는
것이 무난해요.

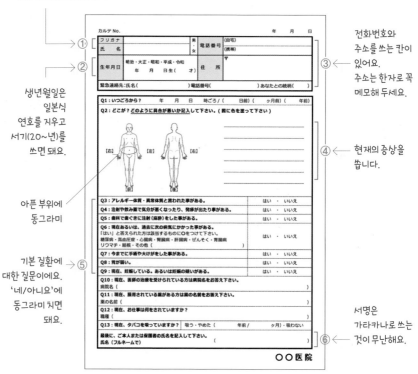

문진표

그다음 일본어가 빽빽하게 적혀 있는 '문진표'를 작성해야 합니다. 이때 처음 보는 한자들이 많이 나와 상당히 당황하게 되는데, 병원을 방문하시기 전에 먼저 자신의 증상을 한두 문장 정도는 적을 수 있는 상태에서 가시는 게 좋습니다. 하지만, 혹시 적지 못해도 너무 걱정하지 마세요. 간호사님께 현재 증상을 설명하면 친절하게 도와주시니까요.

그 후 의사 선생님과 상담 후 처방전을 받게 되는데 이때 '진찰권'도 함께 받습니다. 일종의 회원 카드라고 이해하시면 편합니다. 이후 방문하실 때는 '진찰권'과 '의료 보험증'을 지참하시면 됩니다.

처방전을 받았으면 이제 약국을 가셔야겠죠? 처음 방문한 약국이라면 다시 문진표 작성을 요구받습니다. 이는, 특정 약에 대한 거부 반응이나 현재 복용하는 약이 있을 경우, 앞으로 처방할 약과의 궁합을 확인하기 위해서라고 합니다. 또, 약국에 따라서 '약 수첩'이 있는지 묻는 경우가 있습니다. 약 수첩이란, 진료받은 병원, 의사 이름, 약을 조제한 약국 정보 등이 적힌 수첩입니다.

약의 조제가 끝나면 무슨 약이 포함되어 있는지, 약의 복용 방법에 대해 상세한 설명을 듣게 됩니다. 한국에 비해 전체적인 과정이 조금 길지만 꼼꼼하고 신중한 일본의 문화가 반영된 것이라고 이해하면 좋을 것 같습니다.

약 수첩

약 수첩 어플

출처 : 공익사단법인 일본약사회(公益社団法人 日本薬剤師会)

SCENE 9

미용실
이용하기

ヘアサロンの利用

음성 듣기

미용실을 방문하기 전에는 반드시 예약을 해야 합니다.
요즘은 인터넷에서도 간단히 예약 가능하지만,
전화로 예약하시는 분들을 위해 회화 표현을 준비했습니다.
예약부터 상담, 계산까지 어떤 대화를 주고받는지 살펴봅시다.

1 　전화로 예약하기 track 106

（직원） いつも、ありがとうございます。

ヘアサロン・ハナビでございます。

（나） あの、今週の土曜日、朝11時にヘアカラーとカットを

したいんですが、予約できますか。

（직원） ご希望のデザイナーはいらっしゃいますか。

（나） いいえ。おまかせします。

（직원） 今週の土曜日、朝11時大丈夫です。

お名前をお願いできますか。

CHECK

空く 비다　　まかせる 맡기다

나 キム・ヒョンシクです。

직원 かしこまりました。

では土曜日の11時にお待ちしています。

직원　감사합니다. 헤어 살롱 하나비입니다.

나　저, 이번 주 토요일, 아침 11시에 염색과 커트를 하고 싶은데, 예약 가능할까요?

직원　원하시는 (헤어) 디자이너는 있으신가요?

나　아니요. 없습니다(맡기겠습니다).

직원　이번 주 토요일 아침 11시 가능합니다. 성함을 말씀 부탁드립니다.

나　김형식입니다.

직원　알겠습니다.

　　　그럼 토요일 11시에 기다리고 있겠습니다.

2 미용실 카운터에서 track 107

나 11時に予約した、キム・ヒョンシクですけど。

직원1 キムさま、お待ちしておりました。

こちらがキムさまを担当するデザイナーの

マイです。

직원2 マイです。初めまして。

나 よろしくお願いします。

직원1 かばんとジャケットをお預かりします。

직원2 こちらにおかけください。

나	11시에 예약한 김형식인데요.
직원1	김형식 님, 기다리고 있었습니다.
	이쪽이 김형식 님을 담당할 디자이너 마이입니다.
직원2	마이입니다. 처음 뵙겠습니다.
나	잘 부탁드리겠습니다.
직원1	가방과 자켓을 보관해 드리겠습니다.
직원2	이쪽에 앉으세요.

CHECK

預かる 맡다, 보관하다

かける 앉다

3 스타일 상담하기 1 track 108

직원 ご希望^{き ぼう}はカラーとカットでよろしかったでしょうか。

나 はい、そうしてください。

직원 どんな色^{いろ}をご希望^{き ぼう}ですか。

나 サンプルの色^{いろ}を見^みて決^きめてもいいですか。

직원　염색과 커트를 하시는 거 맞으시죠?

나　네, 그렇게 해 주세요.

직원　무슨 색으로 해 드릴까요?

나　샘플 색을 보면서 결정해도 될까요?

---

4 스타일 상담하기 2 track 109

（직원） ご希望をおうかがいします。

（나） カットとパーマをお願いします。

（직원） (사진을 보여주며) こんな感じはいかがですか。

（나） ああ、いいですね。これでお願いします。

（직원） かしこまりました。

직원	어떤 스타일로 해 드릴까요?
나	커트와 파마를 부탁드립니다.
직원	이런 느낌은 어떠세요?
나	아, 좋네요. 이걸로 부탁드립니다.
직원	알겠습니다.

CHECK

うかがう 듣다, 묻다
(聞く의 겸양 표현)

5 계산하기 track 110

직원 当店の会員になられますとポイントがたまって
特典がございますが、いかがなさいますか。

나 こんど来た時にまた、登録します。

[あ、じゃあ会員になります。]

직원 はい。本日はカラーとカットで15,000円になります。

나 カードでもいいですか。

직원 はい。Visaと Masterと Amexでしたら
大丈夫です。

직원 저희 매장 회원이 되시면 포인트가 쌓여서
혜택이 있는데, 어떻게 하시겠습니까?

나 다음에 왔을 때 다시 등록하겠습니다.
[아, 그럼 회원 등록하겠습니다.]

직원 네. 오늘은 염색과 커트해서 15,000엔입니다.

나 카드도 되나요?

직원 네, Visa나 Master, Amex라면 가능합니다.

CHECK

たまる 쌓이다
特典 특전, 혜택

✚ PLUS 표현 🔊 track 111

1 　こういうパーマにしたいんですが。　이런 펌(파마)으로 하고 싶은데요.

2 　<ruby>学生割引<rt>がくせいわりびき</rt></ruby>もありますか。　학생 할인도 있나요?

3 　シャンプーも<ruby>込<rt>こ</rt></ruby>みですか。　샴푸도 포함되어 있나요?

4 　<ruby>髪<rt>かみ</rt></ruby>を少し<ruby>す<rt>すこ</rt></ruby>いてください。　머리숱을 조금만 쳐 주세요.

5 　そろえるだけでいいです。　다듬기만 해 주세요.

　<ruby>今<rt>いま</rt></ruby>のままで、そろえてください。　지금 상태에서 다듬어 주세요.

6 　<ruby>普通<rt>ふつう</rt></ruby>、<ruby>分<rt>わ</rt></ruby>け<ruby>目<rt>め</rt></ruby>はこちらです。　보통 가르마는 이쪽입니다.

7 　<ruby>前髪<rt>まえがみ</rt></ruby>をつくりたいんですが。　앞머리를 만들고 싶은데요.

　<ruby>前髪<rt>まえがみ</rt></ruby>を<ruby>少<rt>すこ</rt></ruby>しだけ<ruby>切<rt>き</rt></ruby>ってください。　앞머리를 조금만 잘라 주세요.

8 　<ruby>髪<rt>かみ</rt></ruby>にボリュームを<ruby>出<rt>だ</rt></ruby>したいんですが。　머리에 볼륨을 살리고 싶은데요.

CHECK

<ruby>割引<rt>わりびき</rt></ruby> 할인　<ruby>込<rt>こ</rt></ruby>み 포함　<ruby>髪<rt>かみ</rt></ruby>をすく 머리숱을 치다

そろえる 가지런히 하다, 정돈하다　<ruby>分<rt>わ</rt></ruby>け<ruby>目<rt>め</rt></ruby> 가르마

관련 어휘

track
112

머리

앞머리	뒷머리	옆머리	구레나룻
まえがみ 前髪	うし がみ 後ろ髪	よこがみ 横髪	もみあげ
흰머리	새치	직모	곱슬머리
しらが 白髪	わか しらが 若白髪	ちょくもう 直毛	げ くせ毛、 てんねん　　　　　てん 天然パーマ、天パ

손질

- 파마를 하다

  パーマを かける

- 스트레이트 파마를 하다

  ストパを かける

- 염색을 하다

  カラーを する

- 드라이하다

  ブローする

- 드라이로 말리다

  かわ
ドライヤで 乾かす

- 머리를 빗다

  かみ
髪を とかす

- 샴푸를 하다, 머리를 감다

  シャンプーする

- 트리트먼트를 하다

  トリートメントを する

- 볼륨을 주다

  だ
ボリュームを 出す

- 두피 관리를 하다

  ヘッドスパを する

마 메 치 시 키
まめちしき 알면 도움이 되는
토막 지식

미용실
인터넷 예약은
이렇게!

일본에서 생활하는 동안 비교적 자주 이용하게 되는 서비스 시설 중에 하나가 '미용실(헤어샵)'일 것입니다. 한국과 다른 부분이 많아 당황스러울 수 있지만, 직원이 친절히 안내해 주기 때문에 너무 걱정하지 않으셔도 됩니다. 요즘은 한국도 샵을 방문하기 전에 예약하고 가는 추세지만, 일본에서는 대부분 예약을 하고 가야 원활하게 대응이 가능합니다. 예약은 전화로 하는 방법과 인터넷으로 하는 방법이 있는데, 인터넷으로 예약하면 어떤 헤어 서비스를 받았는지 이력을 남길 수도 있고, 구두로

예약하기 어려운 부분을 보완할 수 있어 안심이 됩니다.

일본 사람들이 자주 쓰는 대표적인 사이트로는 '핫페퍼 뷰티 ホットペッパービューティー'가 있습니다. 일본 전국에 있는 대부분의 미용실이 등록되어 있어 인터넷 예약이 가능합니다.

미용실을 선택할 때, 자신이 선호하는 디자이너를 찾아 예약하는 방법도 있지만, 대부분은 정보를 찾기 힘들 테니 집 주변의 샵을 검색하는 것이 가장 무난합니다.

지역으로 검색하기

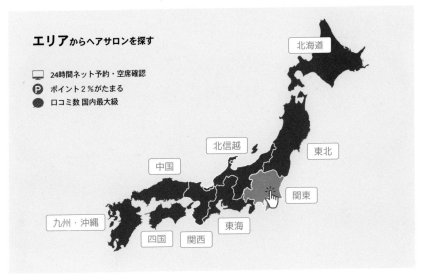

エリアからヘアサロンを探す

🖥 24時間ネット予約・空席確認
Ⓟ ポイント2％がたまる
⬤ 口コミ数 国内最大級

北海道

北信越

中国

東北

関東

九州・沖縄

東海

四国　関西

역·노선으로 검색하기

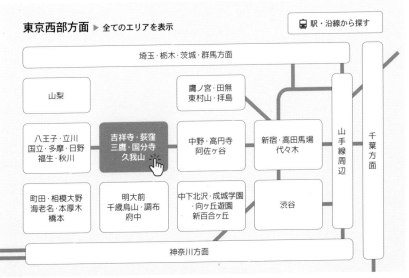

東京西部方面 ▶ 全てのエリアを表示

🚊 駅・沿線から探す

埼玉・栃木・茨城・群馬方面

山梨

鷹ノ宮・田無
東村山・拝島

八王子・立川
国立・多摩・日野
福生・秋川

吉祥寺・荻窪
三鷹・国分寺
久我山

中野・高円寺
阿佐ヶ谷

新宿・高田馬場
代々木

山手線周辺

千葉方面

町田・相模大野
海老名・本厚木
橋本

明大前
千歳烏山・調布
府中

中下北沢・成城学園
・向ヶ丘遊園
新百合ヶ丘

渋谷

神奈川方面

출처 : 핫페퍼 뷰티

#이삿짐 #전출입

SCENE 10

이사하기

引っ越し

음성 듣기

일본의 이사 풍경도 우리와 크게 다르지는 않습니다.
어떤 절차로 이사가 진행되며, 어떤 일을 처리해야 하는지
대화를 통해 간단히 살펴봅시다.

1 이삿짐센터에 문의 track 113

（직원） お<ruby>引越<rt>ひっこ</rt></ruby>しは、<ruby>1日<rt>ついたち</rt></ruby>の<ruby>午前<rt>ごぜん</rt></ruby>10<ruby>時<rt>じ</rt></ruby>でよろしいですね。

（나） はい。<ruby>荷物<rt>にもつ</rt></ruby>は<ruby>少<rt>すく</rt></ruby>ないから<ruby>小<rt>ちい</rt></ruby>さいトラックで

いいでしょうか。

（직원） そうですね。

<ruby>専用<rt>せんよう</rt></ruby>ボックス<ruby>2<rt>ふた</rt></ruby>つで<ruby>全部<rt>ぜんぶ</rt></ruby><ruby>入<rt>はい</rt></ruby>るでしょう。

お<ruby>部屋<rt>へや</rt></ruby>は3<ruby>階<rt>がい</rt></ruby>ですが、エレベーターはありますか。

（나） ええ、<ruby>建物<rt>たてもの</rt></ruby>は10<ruby>階建<rt>じゅっかいだ</rt></ruby>てだから、

エレベーターはあります。

CHECK

<ruby>引越<rt>ひっこ</rt></ruby>し 이사   <ruby>荷物<rt>にもつ</rt></ruby> 짐   ～<ruby>建<rt>だ</rt></ruby>て ~층(짜리)

（직원） じゃ、料金のアップはありませんね。

全部で56,100円になります。

ダンボール箱をさしあげますから、

小さいものはそこに入れてください。

（나） わかりました。

よろしくお願いします。

직원	이사는 1일 오전 10시 맞으시죠?
나	네. 짐은 적으니까 작은 트럭으로 괜찮을까요?
직원	네. 전용 박스 두개로 전부 들어갈 것 같습니다.
	집은 3층인데 엘리베이터는 있나요?
나	네, 10층짜리 건물이라서 엘리베이터는 있어요.
직원	그럼 추가 요금은 없겠네요. 전부 다 해서 56,100엔입니다.
	박스를 드릴 테니 작은 물건은 거기에 넣어 주세요.
나	알겠습니다. 잘 부탁드립니다.

2 부동산에 문의   track
114

나 お<ruby>世話<rt>せ わ</rt></ruby>になりました。

<ruby>1日<rt>ついたち</rt></ruby>に<ruby>引越<rt>ひっこ</rt></ruby>しますから、<ruby>3日<rt>みっか</rt></ruby>にカギを<ruby>返<rt>かえ</rt></ruby>します。

직원 じゃ、そのときお<ruby>部屋<rt>へ や</rt></ruby>の<ruby>中<rt>なか</rt></ruby>をチェックしますから、

<ruby>立<rt>た</rt></ruby>ち<ruby>会<rt>あ</rt></ruby>ってください。

나 <ruby>電気<rt>でん き</rt></ruby>やガスは<ruby>自分<rt>じ ぶん</rt></ruby>で<ruby>連絡<rt>れんらく</rt></ruby>するんでしょうか。

직원 ええ、<ruby>手続<rt>て つづ</rt></ruby>きはインターネットでできますから、

<ruby>簡単<rt>かんたん</rt></ruby>ですよ。

あと、<ruby>区役所<rt>く やくしょ</rt></ruby>で<ruby>転出届<rt>てんしゅつとどけ</rt></ruby>を<ruby>出<rt>だ</rt></ruby>したり、

<ruby>健康保険<rt>けんこう ほ けん</rt></ruby>の<ruby>手続<rt>て つづ</rt></ruby>きをしたり……。

CHECK

<ruby>立<rt>た</rt></ruby>ち<ruby>会<rt>あ</rt></ruby>う 입회하다, (어떤 일을 체크하기 위해 현장에서 함께 지켜보다) 　<ruby>手続<rt>て つづ</rt></ruby>き 수속, 절차

나 在留カードの住所変更も区役所でしますか。

직원 はい、そうです。

나	안녕하세요. 1일에 이사하니까 3일에 열쇠를 돌려 드리겠습니다.
직원	그럼, 그때 집 안을 체크할 테니 자리 함께 해 주세요.
나	전기나 가스는 직접 연락하는 건가요?
직원	네, 절차는 인터넷으로 가능하기 때문에 간단합니다.
	그리고 구청에서 전출 신고서를 내거나 건강 보험 처리를 하거나…….
나	재류 카드의 주소 변경도 구청에서 하나요?
직원	네, 맞아요.

3 이사 날 🔊 track 115

(직원) 洗濯機はどこに置きましょうか。

(나) ベランダに置く場所があります。

あと、ベッドはこの壁の方にお願いします。

(직원) (이사가 끝난 후) これで作業は終わりましたが、

荷物の忘れ物はないかご確認ください。

(나) はい。ダンボールはどうしましょうか。

 CHECK

忘れ物 분실물　　不要 불필요

（直員）そのままお使いになればいいですが、

不要でしたら後で回収もします。

ではこちら、作業完了証明書にサインを

お願いします。

4　はい、お疲れさまでした。

직원	세탁기는 어디에 놓을까요?
나	베란다에 두는 장소가 있어요. 그리고 침대는 이 벽 쪽으로 부탁드립니다.
직원	이것으로 작업은 끝났는데, 잃어버린 물건은 없는지 확인해 주세요.
나	네, 상자는 어떻게 할까요?
직원	그대로 쓰시면 되는데 필요 없으시면 나중에 회수도 합니다.
	그럼 여기, 작업 완료 증명서에 사인을 부탁드립니다.
나	네, 수고 많으셨습니다.

4 이사 인사

track 116

나 こんにちは。今日_{きょう}こちらに引_ひっ越_こしてきたキムです。

どうぞよろしくお願_{ねが}いします。

이웃 こちらこそ、よろしくお願_{ねが}いします。

나 あの、こちらはゴミを出_だす日_ひはいつでしょうか。

이웃 はい。月水金_{げっすいきん}が燃_もえるゴミ、

火曜日_{かようび}は燃_もえないゴミです。

나 じゃ、大_{おお}きいゴミはまた別_{べつ}の日_ひですか。

CHECK

燃_もえるゴミ 가연성 쓰레기(종이, 음식물 쓰레기 등)   燃_もえないゴミ 불연성 쓰레기(유리, 건전지, 도자기 등)

（이웃） ええ、区役所の市民課に電話して
出す日を決めるんです。

（나） そうですか。ありがとうございます！

나	안녕하세요. 오늘 이사 온 김(형식)입니다. 앞으로 잘 부탁드리겠습니다.
이웃	저야말로 잘 부탁드려요.
나	저, 여기는 쓰레기를 배출하는 날은 언제인가요?
이웃	네. 월수금은 타는 쓰레기, 화요일은 타지 않는 쓰레기입니다.
나	그럼 대형 쓰레기는 또 다른 날인가요?
이웃	네, 구청의 시민과에 전화해서 배출일을 정하는 거예요.
나	그렇군요. 감사합니다!

✚ PLUS 표현 🔊 track 117

■ 나　○ 상대방

1　Ⓐ お部屋の契約を解約するのは、いつまでに知らせ
ればいいですか。

집 계약을 해지하는 것은 언제까지 알리면 되나요?

Ⓑ お引越し予定日の1か月前にお願いします。

이사 예정일의 한 달 전에 부탁드립니다.

2　Ⓐ もしもし。引越ししたいんですが、見積をお願い
します。

여보세요. 이사하려고 하는데요, 견적을 부탁합니다.

Ⓑ かしこまりました。
訪問するのに都合のいい日時をお知らせくだ
さい。

알겠습니다. 언제 방문하면 될지 날짜와 시간을 알려 주세요.

3　Ⓐ 引越しでいらなくなったソファを捨てたいんですが。

이사로 필요 없게 된 소파를 버리고 싶은데요.

Ⓑ では来週の水曜日に粗大ゴミシールを貼って、
ゴミ置き場に出してください。

그럼 다음 주에 대형 쓰레기 스티커를 붙여서 쓰레기장에 버려 주세요.

4 Ⓐ 住所が変わったんですが、在留カードの住所変更は
どの窓口ですか。

주소가 바뀌었는데, 재류 카드의 주소 변경은 어느 창구인가요?

Ⓑ 転出証明書と在留カードを持って、
1番の市民課に行ってください。

전출 증명서와 재류 카드를 가지고 1번 시민과로 가세요.

5 Ⓐ じゃ、カギをお返しします。

그럼, 열쇠를 돌려드리겠습니다.

Ⓑ はい、部屋はきれいなので問題ないですね。
敷金は月末に口座に振込みます。

네, 집은 깨끗해서 문제 없네요. 보증금은 월말에 계좌로 송금하겠습니다.

CHECK **都合のいい日時** 시간이 되는 날짜　**粗大ゴミ** 대형 쓰레기(가구, 자전거, 이불 등)

■ 나　○ 상대방

6　**Ⓐ** 自転車を買ったら、防犯登録をしなければなりませんか。

자전거를 사면 방범 등록을 해야 하나요?

Ⓑ はい。時々警察官が調べることがありますから。

네. 가끔 경찰관이 조사하는 경우가 있으니까요.

7　**Ⓐ** 引越したので「転送依頼」を出したいんですが…。

이사를 해서 '전송 의뢰'를 하고 싶은데요.

Ⓑ ではここに前の住所、こちらに新しい住所を書いてください。

그럼 여기에 전의 주소, 이쪽에 새로운 주소를 써 주세요.

Ⓐ これで郵便物はずっと転送されますか。

이걸로 우편물은 계속 전송되나요?

Ⓑ 1年間だけです。延長するときは、もう一度申請してください。

1년뿐입니다. 연장할 때는 다시 한번 신청해 주세요.

CHECK

自転車の防犯登録 자전거 방범 등록(도난을 예방하기 위해 자전거가 자신의 것임을 증명하는 절차)

転送依頼 전송 의뢰(구주소로 배달된 우편물을 신주소로 전송을 요청하는 것)

8 **Ⓐ** すみません。インターネットで
じゅうしょへんこう　　　　　　　　　　　　つか
住所変更したんですが、ガスが使えません。

저기요. 인터넷으로 주소 변경을 했는데요, 가스를 쓸 수 없어요.

Ⓑ かかりいん　　た　あ
ガスは係員が立ち会いますから、
つ ごう　　　ひ　し
都合のいい日をお知らせください。

가스는 담당자가 입회하기 때문에 편하신 날을 알려 주시기 바랍니다.

Ⓐ しゅうまつ
週末でもいいですか。

주말이라도 괜찮나요?

Ⓑ ど にち　　だいじょう ぶ
はい。土日でも大丈夫です。

네. 토요일, 일요일이라도 괜찮습니다.

알면 도움이되는
토막 지식

일본에서 이사는 이렇게!

1 이사 계획 세우기

일본에서는 적어도 한 달 전에는 관리 회사(임대인의 대리인)에 이사 가는 날을 알려 주어야 합니다. 그래서 우선 새집의 입주일이 정해지면 그날로부터 며칠 후에 계약 해지를 합니다. 집을 비워 주고 집 열쇠도 반납한 후, 부동산 직원이나 집주인으로부터 집 상태를 확인받습니다. 집에 하자가 없는지 확인을 받는 과정이 끝나면 비로소 옛집과 작별할 수 있습니다.

2 이삿짐센터 고르기

아무리 혼자 살았던 집이라도 그동안 쌓인 물건은 결코 만만치 않으실 겁니다. 이삿짐센터에 그냥 맡겨 버리면 마음 편히 이사를 떠날 수 있겠지만, 과연 어떤 업체가 좋은지 선택하기가 막막하실 텐데요. 이삿짐센터의 서비스와 가격을 비교할 수 있는 사이트(예 引越し達人 이사의 달인)도 많이 있으니 미리 확인해 보시는 게 좋습니다. 현재 거주지와 이사 가는 곳의 위치와 짐의 종류와 양 등의 정보를 입력하면 바로 수십 개 업체의 견적을 확인할 수 있습니다.

3 전출 신고 하기

주소지가 바뀌므로 재류 카드를 비롯해 전기, 가스, 수도, 우체국(우편물 전송 의뢰), 은행, 건강 보험 등에 등록된 주소를 변경해야 합니다. 특히 이전 주소지의 구청(시청)에 가서 전출 신고서 転出届를 제출하는 것이 중요합니다. 그 다음에 전출 증명서를 받아야 모든 주소 변경이 수월해집니다. 주소 변경은 이사 후 14일 이내에 해야 하며, 이사 전에도 가능합니다.

4 이사하기

가격에 따라 다양한 이사 플랜(코스)이 있습니다. 짐을 싸고 푸는 작업을 본인이 직접 하는 것을 '기본 플랜', 짐을 싸는 작업을 업체에 맡기는 것을 '하프 플랜', '짐을 싸고 푸는 작업을 모두 맡기는 것을 '오마카세 플랜'이라고 표현하기도 합니다.

5 전입 신고 하기

새 주소지의 구청(시청)에 가서 재류 카드, 건강 보험 등을 다시 등록해야 합니다. 그리고 전기, 가스, 수도 등 생활에 꼭 필요한 설비를 언제부터 사용해야 할지 사전에 확인해 놓습니다.

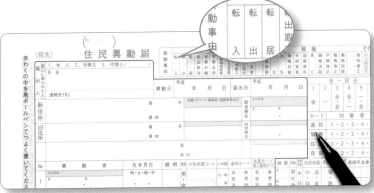

주민 이동 신고서(전입 · 전출 등)

6 이사 알림·이웃에게 인사하기

짐 정리가 끝나면, 집 주변을 탐색합니다. 오며 가며 마주치는 이웃과 인사를 나누며, 자연스럽게 쓰레기 분리 수거일이나 주변에 어떤 편의 시설이 있는지 물어보는 것도 좋겠죠? 일본인들은 가까운 지인에게 다음과 같이 휴대폰 문자나 엽서 등으로 이사 소식을 알리기도 합니다.

引っ越しました。

この度、下記の住所に引っ越し致しました。
이번에 아래 주소로 이사했습니다.

今後とも変わらぬお付き合いのほど
앞으로도 변함없이 좋은 관계로

よろしくお願い申し上げます。
잘 부탁드리겠습니다.

お近くにお越しの節は、ぜひお立ち寄りください。
근처에 오셨을 때에는 꼭 들러 주세요.

20○○年　○月　○日

〒. ○○○-○○○
東京都江東区関が丘○丁目パークハイツ○○号

ブラッド

이사 알림 엽서

SCENE 11

스몰 토크하기

Small Talk

음성 듣기

스몰 토크(Small Talk)는 누군가와 만났을 때,
어색한 분위기를 누그러뜨리고 친밀함을 전하기 위해 나누는
가벼운 대화를 의미하죠. 처음 만나는 사람, 특히 외국에서 현지인에게
말을 걸고 대화를 이어가기는 쉽지 않습니다.
지금부터 소개하는 대화를 통해 조금이나마 힌트를 얻으셨으면 합니다.

1 말 걸기 🔊 track 118

나 (술집에서 메뉴판을 보며) すみません。

メニューがよくわからなくて…

どれがおいしいでしょうか。

옆 사람 ああ、外国^{がいこく}の方^{ほう}ですか。 どちらから来^こられました？

나 韓国^{かんこく}からです。

옆 사람 「おススメ」はここに書^かいてあるけど… わかります？

나 いいえ、漢字^{かんじ}はまだ読^よめないんです。

옆 사람 ここはカキフライ、明太^{めんたい}マヨ焼^やき、寄^よせ鍋^{なべ}が

おいしいですよ。

나 韓国^{かんこく}ではカキは生^{なま}で食^たべることが多^{おお}いですね。

CHECK

おススメ 추천, 추천 메뉴　　**頼^{たの}む** 부탁하다, 청하다, 주문하다

（옆 사람）そうですか。でもここのは本当においしいから、
一度食べてみてください。

（나）はい、後で頼んでみます。

（옆 사람）ところで「乾杯」って韓国語では何ていいますか。

（나）「コンベ」です。

（옆 사람）じゃ、「コンベ～！」

나	실례합니다. 메뉴를 잘 몰라서 그러는데, 어떤 게 맛있나요?
옆 사람	아, 외국분이세요? 어디서 오셨어요?
나	한국에서 왔어요.
옆 사람	'추천 메뉴'는 여기에 써 있는데… 아시겠어요?
나	아니요, 한자는 아직 읽지 못해요.
옆 사람	여기는 굴튀김, 명란마요구이, 전골이 맛있어요.
나	한국에서는 굴은 생으로 먹을 때가 많아요.
옆 사람	그래요? 그래도 여기 건 정말 맛있으니까 한번 드셔 보세요.
나	네, 이따 주문해 볼게요.
옆 사람	근데, '감빠이'라는 말은 한국어로 뭐라고 해요?
나	'건배'예요.
옆 사람	자, 건배～!

2 화제 이어가기 track 119

(옆 사람) どちらから来られました？

(나) 韓国です。ワーホリで来ました。
旅行で韓国に行ったことはありますか。

(옆 사람) 昔、修学旅行でソウルには行ったから、今度行く時は

プサンかチェジュですね。

(나) 車で回るならチェジュ、関西みたいな雰囲気が

良ければプサンがおススメです。

(옆 사람) プサンは関西の雰囲気ですか。

CHECK

回る 돌다, 이동하다	裏表 안과 겉	裏表がない 겉과 속이 같다, 솔직하다	方言 방언, 사투리

나 プサンの人も裏表がないことで有名だし、
方言もあるから他とはまた違うものを感じると
思いますよ。

옆 사람 ああ、そうですか。

옆 사람 어디에서 오셨어요?

나 한국이요. 워킹 홀리데이로 왔어요.
여행으로 한국에 가 보신 적 있나요?

옆 사람 예전에 수학여행으로 서울을 갔었으니까 다음은
부산이나 제주도를 가봐야겠네요.

나 차로 움직인다면(운전하실 수 있으면) 제주도, 간사이 같은 느낌을 원하시면
부산을 추천해요.

옆 사람 부산은 간사이 같은 느낌인가요?

나 부산 사람들도 솔직한 걸로 유명하고,
사투리도 있어서 다른 곳과는 또 다른 느낌일 거예요.

옆 사람 아, 그렇군요.

3 출신지 물어보기 track 120

나 失礼ですけど…ちょっと関西のことばが聞こえるんですが、

出身はそちらですか。

옆 사람 おー、耳がいいですね。

実は関西の神戸から来たんです。

나 ああ、それで。ぼくがよく見るユーチューブに

神戸の人が出てきますけど、

その人の言葉とちょっと似ていたから……。

옆 사람 同じ関西でも神戸、京都、大阪はそれぞれちょっと

違いますね。

나 へえ、そうなんですか。どう違うんですか。

옆 사람 一言で説明するのはむずかしいけど、

単語がずいぶん違います。

CHECK

似ている 비슷하다, 닮았다　　ずいぶん 몹시, 상당히

나 そうですか。韓国でもソウルやプサンみたいに
地域によって方言がありますね。

옆 사람 へえ。

나 チェジュにも方言があるけど、
日本の沖縄みたいに全然違うことばなんですよね。

옆 사람 なるほど。ところで、さっき話していたユーチューブ
のチャンネル、一度見せてもらえませんか。

나	실례지만… 간사이 사투리가 좀 들리는데요. 간사이 출신이세요?
옆 사람	오~ 귀가 좋네요. 실은 간사이 고베에서 왔어요.
나	아~ 어쩐지. 제가 잘 보는 유튜브에 고베 사람이 나오는데, 그 사람 말과 좀 비슷해서…….
옆 사람	같은 간사이라도 고베와 교토, 오사카는 조금 달라요.
나	아, 그런가요? 어떻게 다른가요?
옆 사람	한 마디로 설명하기 어렵긴 한데, 단어가 많이 달라요.
나	그렇군요. 한국도 서울이나 부산 같이 지역에 따라 사투리가 있어요.
옆 사람	아, 그래요?
나	제주도에도 사투리가 있는데 일본의 오키나와와 같이 완전 달라요.
옆 사람	아~ 그렇군요! 그런데 아까 말씀하신 유튜브 채널 한번 보여 주시겠어요?

PLUS 표현 🔊 track 121

■ 나   ○ 상대방

---

1 **A** すみませんが、それすごく美味しそうですね。
何ていう料理ですか。

죄송한데요, 그거 굉장히 맛있어 보이네요. 음식 이름이 뭐예요?

   B これは「まぐろのカマ焼き」っていうんですけど、最高ですよ。

   이건 '참치 가마 구이'라는 건데, 진짜 맛있어요.

---

2 **A** おススメのお酒はありますか。

추천하는 술은 있나요?

   B 韓国の方はお酒強いんでしょう？

   한국분들은 술 잘 드시죠?

   A いえいえ。強い人もいますけど、
   ぼくは弱いほうです。

   아니에요~! 잘 마시는 사람도 있지만 저는 잘 못 마셔요.

⌒
CHECK   **カマ** 참치 아가미와 뱃살 사이에 있는 부분

3 Ⓐ 韓国ではしょうちゅうをビールで割<ruby>割<rt>わ</rt></ruby>るんですよ。
<ruby>韓国<rt>かんこく</rt></ruby>ではしょうちゅうをビールで<ruby>割<rt>わ</rt></ruby>るんですよ。

한국에서는 소주에 맥주를 타요.

Ⓑ それ、<ruby>聞<rt>き</rt></ruby>いたことありますよ。
なんて<ruby>言<rt>い</rt></ruby>ったっけ。

그거, 들은 적이 있어요. 뭐라고 했더라?

Ⓐ 「ソメク」です。 '소맥'이요.

4 Ⓐ ここに<ruby>来<rt>き</rt></ruby>たばかりなんですけど、
<ruby>近<rt>ちか</rt></ruby>くにおいしい<ruby>居酒屋<rt>いざかや</rt></ruby>や<ruby>食堂<rt>しょくどう</rt></ruby>はありますか。

여기 온 지 얼마 안 돼서 그러는데, 근처에 맛있는 술집이나 식당이 있나요?

Ⓑ <ruby>駅<rt>えき</rt></ruby>の<ruby>前<rt>まえ</rt></ruby>に「ゆくりば」という<ruby>店<rt>みせ</rt></ruby>がありますが、
そこは<ruby>最高<rt>さいこう</rt></ruby>の<ruby>日本酒<rt>にほんしゅ</rt></ruby>がそろってますよ。

역 앞에 '유쿠리바'라는 가게가 있는데, 거기는 최고의 사케가 갖추어져 있어요.

Ⓐ (구글맵을 보며) あ、ここですか。

아, 여기인가요?

Ⓑ あ、そうそう。この<ruby>近<rt>ちか</rt></ruby>くではそこが<ruby>一押<rt>いちお</rt></ruby>し
ですね。

네네, 거기 맞아요. 이 근처에서는 거기가 제일 괜찮아요.

CHECK   <ruby>割<rt>わ</rt></ruby>る 물을 타다, 묽게 하다   そろう 갖추어지다, 모이다   <ruby>一押<rt>いちお</rt></ruby>し 가장 추천하는 것

5　Ⓐ　(주문한 음식을 받으며) 감사합니다！

Ⓑ　あれ、韓国の方？

어? 한국분이세요?

Ⓐ　ええ、今年の初めに韓国から来ました。

네, 올해 초에 한국에서 왔어요.

Ⓑ　全然わかりませんでしたよ。

전혀 눈치채지 못 했어요.

6　Ⓐ　(가게 주인에게) もしかしてインスタグラムやってます？

タグづけしたいんですけど……。

혹시 인스타그램 하시나요? 제가 태그를 하고 싶어서요…….

Ⓑ　ここに入れば見られますよ。

여기 들어가시면 볼 수 있어요.

Ⓐ　(인스타그램을 보며) わー、これも美味しそうですね。

これ、今できますか。

와~ 이것도 맛있겠네요. 이거 지금 가능한가요?

Ⓑ　もちろんです。

물론입니다.

7　Ⓐ　ここは座るいすがないんですね。

여기는 앉는 의자가 없네요?

Ⓑ　「立ち飲み」ですからね。
　　ここは初めてですか。

'다치노미'라서요. 여기는 처음이신가요?

Ⓐ　ええ、ネットで調べました。
　　けっこう人気がありますね。

네, 인터넷에서 검색했어요. 꽤 인기가 많네요.

Ⓑ　好きな人は３時間ぐらい立っていますよ。

좋아하는 사람은 세 시간 정도 서 있어요.

CHECK　　立ち飲み 서서 마시는 것

마 메 치 시 키
まめちしき　알면 도움이되는
토막 지식

일본에서
현지인 친구 사귀기

말 잘하는 사람이 잡담도 잘한다!

한때 '잡담력 雜談力'이라는 말이 유행했던 적
이 있습니다. 잡담력은 사회생활은 물론 인간
관계를 유지하는 데 있어 중요한 기술로 여겨
지고 있습니다. 잡담은 의미 없는 수다가 아니
라 상대방에게 친밀감을 전하는 행위인 것입
니다.

제 유튜브 영상을 보신 분들은 '처음 만나는
현지인과 어떻게 하면 금방 친해질 수 있는지'
많이 물어보십니다. 일본에 정착한 지 꽤 시간
이 흐르다 보니 현지화가 돼서 그런 것 아니냐
고 생각하실 수도 있겠지만, 꼭 그렇지만은 않
습니다. 아무리 일본 생활이 익숙해지고 일본
어가 능숙해진다고 해도 이곳에서 저는 외부
에서 건너온 외국인일 뿐이며, 그런 인식은 예
나 지금이나 변함없습니다.

외국인(한국인)이기 때문에 오히려 편하게 현
지인들에게 다가갈 수 있었고, 그들도 더 관심
과 호기심을 가지고 마음을 열어 주었습니다.
'외국인'이라는 명찰 하나만으로도 쉽게 대화
를 이끌어 나갈 수 있는 소재가 많습니다. 언
어, 음식, 문화, 여행 등 수없이 많은 소재로 대

화를 확장해 갈 수 있습니다. 저는 이 부분을
최대한 장점으로 살려 대화를 이끌어 가고 있
습니다.

친밀감을 전하고 인간관계를 발전시키는 방
법은 다양합니다. 모든 사람에게는 자신만의
방법이 있으며, 제 방식이 무조건 정답은 아
닙니다. 다만, 영상에서는 모두 설명드리지
못한 저만의 대화법을 소개해 드리고 싶었습
니다. 책과 영상을 통해, 여러분들의 일본 생
활에 조금이라도 도움이 되시길 바랍니다.

막힘없이 술술 풀어나갈 수 있는 대화 소재

일본을 여행하거나 생활하다 보면 자연스럽
게 일본 사람들과 만나게 됩니다. 그들에게
모처럼 용기 내서 말을 걸었건만 대화 소재
가 떨어져 어색한 분위기에 놓인다면 매우 곤
란하겠죠? 이때 유용한 소재가 바로 '여행지,

음식, 사투리'입니다. 짤막한 토막 지식이나
정보만으로도 대화를 발전시켜 나갈 수 있습
니다.

그럼, 한국인들이 즐겨 찾는 도쿄, 오사카, 후쿠
오카, 삿포로를 예로 들어 소개해 보겠습니다.

도쿄 東京

스카이트리와 아사쿠사

● **여행지**

도쿄는 오랜 역사와 최첨단 도시의 모습을 두루 갖춘 매력적인 곳입니다. 대표적인 관광지로서는 도쿄 중심부에 우뚝 솟은 철골 전파 탑 '도쿄 타워 東京タワー', 도쿄 타워를 제치고 최고 높이(555m)를 자랑하는 '스카이트리 スカイツリー', 일본 전통의 분위기를 느낄 수 있는 '아사쿠사 淺草', 여행을 다니다 지치면 고향의 맛이 그리워 찾게 되는 코리아 타운 '신오쿠보 新大久保' 등이 있습니다.

● **음식**

도쿄에 가면 꼭 한번 먹어 봐야 할 음식이 바로 '몬자야키 もんじゃ焼き'입니다. 생김새는 우리나라의 부침개와 비슷합니다. 맛도 좋지만 먹는 방법이 독특한 요리입니다.

몬자야키

● **사투리**　일본어의 표준어로 배우는 도쿄의 말에도 사실 이 지역만의 사투리가 있습니다.

~じゃん ＝ ~じゃない(か) ~잖아

　例 この映画、前にも見たじゃん。 이 영화 전에도 봤잖아.

マジ ＝ 本当 진짜

　例 それマジかよ？ 그거 정말이야?

오사카 大阪

도톤보리

● 음식

도쿄에 몬자야키가 있다면 오사카에는 '오코노미야키 お好み焼き'와 '다코야키 たこ焼き'가 있습니다. 같은 분식이지만 동서 일본의 문화 차이를 발견할 수 있는 요리 중에 하나입니다. 고기, 해산물, 채소 등을 꼬치에 꽂아 튀겨내는 '구시카쓰 串カツ'도 오사카의 명물입니다.

다코야키

구시카쓰

● 여행지

오사카는 음식 문화가 발달한 지역입니다. 대표적인 관광지로는 '오사카 성 大阪城'과 시내 남쪽에 자리잡은 음식 골목 '도톤보리 道頓堀'가 있으며, '난바역 難波駅' 뒤쪽을 칭하는 '우라 난바'도 선술집과 맛집이 많아 최근 들어 관광객이 많이 찾는 곳입니다.

● 사투리

なんでやねん = どうして? 왜 그래?

예 急に来られないって、**なんでやねん**。 갑자기 못 온다니 왜?

ほんま = 本当 진짜, 정말

예 それ、**ほんま**? 그거 진짜야?

きーひん / こーへん 오지 않는다

예 約束は10時なのにまだ**きーへん**。 약속은 10시인데 아직 안 왔어.

후쿠오카 福岡

모지코 레토로

• 여행지

국제 교류의 거점으로 유명한 후쿠오카는 규슈 지방에서 가장 큰 도시입니다. 사람들이 친절하여 일본인들에게도 인기있는 지역입니다. 포장마차 거리로 유명한 '나카스 中洲'와 '덴진 天神', 하카타역에서 전철로 40분 거리에 있는 '모지코 레토로 門司港レトロ', 쇼핑을 즐길 수 있는 '캐널시티 하카타 キャナルシティ博多'도 관광객들이 즐겨 찾는 곳입니다.

• 음식

후쿠오카하면 '돈코쓰 라멘 豚骨ラーメン'이 유명하지만 곱창 전골을 뜻하는 '모쓰나베 モツ鍋'도 빼놓을 수 없습니다.

모쓰나베

• 사투리

どげんしたと？ ＝ どうしたの？ 무슨 일 있어? 무슨 일이야?

> 예 まだ朝(あさ)の８時(じ)なのにどげんしたと。 아직 아침 8시인데 무슨 일이야?

ばってん ＝ だけど 하지만

> 예 ばってん今(いま)は金(かね)がないけん。 하지만 지금은 돈이 없으니까.

よか ＝ だいじょうぶ 괜찮아

> 예 もう帰(かえ)ってもよかよ。 이제 귀가해도 돼.

삿포로 札幌

삿포로 눈 축제

가이센동

삿포로 미소라멘

● 여행지

외국인 관광객에게 인기가 높은 홋카이도 北海道. 그 중심은 삿포로 札幌입니다. 대표적인 관광지로는 삿포로 시내가 한눈에 보이는 '히츠지가오카 전망대 羊ケ丘展望台'가 있습니다. 이곳은 양떼 목장으로 유명하며, 부지 안에는 삿포로 눈 축제의 모든 것을 알 수 있는 '눈 축제 기념관'이 있습니다. 삿포로 오미야게(선물)의 대명사라고 할 수 있는 화이트 초콜릿 쿠키 '시로이 고이비토 白い恋人'를 직접 만들어 볼 수 있는 테마파크 '시로이 고이비토 파크 白い恋人パーク'도 요즘 떠오르는 핫 플레이스입니다. 여행에 지치면 시내에서 한 시간 거리에 있는 '조잔케 온천 定山渓温泉'에 가서 여독을 풀 수 있습니다.

● 음식

홋카이도는 해산물이 풍부합니다. 모든 수산 자원이 모여드는 '니조시장 二条市場'에서 '가이센동 海鮮丼'을 꼭 한번 드셔 보세요. 된장 베이스의 '삿포로 라멘 札幌ラーメン'도 추천드립니다.

● 사투리

おばんです = こんばんは 안녕하세요 (저녁 인사)

しばれる = さむい 춥다

예 A おばんです。 안녕하세요.

　B ああ、今夜はしばれるねえ。 아~ 오늘 밤은 춥네.

**픽업
일본어**

초판인쇄	2023년 12월 20일
초판발행	2024년 1월 2일

저자	브레드쿤(김형식)
편집	조은형, 김성은, 오은정, 무라야마 토시오
펴낸이	엄태상
디자인	권진희
일러스트	전동렬
조판	김성은
콘텐츠 제작	김선웅, 장형진
마케팅	이승욱, 왕성석, 노원준, 조성민, 이선민
경영기획	조성근, 최성훈, 김다미, 최수진, 오희연
물류	정종진, 윤덕현, 신승진, 구윤주

펴낸곳	시사일본어사(시사북스)
주소	서울시 종로구 자하문로 300 시사빌딩
주문 및 교재 문의	1588-1582
팩스	0502-989-9592
홈페이지	www.sisabooks.com
이메일	book_japanese@sisadream.com
등록일자	1977년 12월 24일
등록번호	제 300-2014-92호

ISBN 978-89-402-9388-1 (13730)